Mariano Delgado

Stein des Anstoßes

Bartolomé de Las Casas als Anwalt der Indios

Mariano Delgado

Stein des Anstoßes

Bartolomé de Las Casas
als Anwalt der Indios

Umschlagsabbildung: Porträt von Bartolomé de Las Casas
für das Werk „Retratos de españoles ilustres" (Madrid 1791),
das einem Stich von José López Enguidanos (1760–1812) folgt.

Copyright © 2011 by EOS Verlag Sankt Ottilien
mail@eos-verlag.de
www.eos-verlag.de

ISBN 978-3-8306-7509-9

Bibliografische Information der Deutschen Bibliothek
Die Deutsche Bibliothek verzeichnet diese Publikation in der Deutschen
Nationalbibliografie; detaillierte bibliografische Angaben sind im
Internet unter http://dnb.ddb.de abrufbar.

Printed in Germany

Inhaltsverzeichnis

Vorwort

Bartolomé de Las Casas (1484-1566), Dominikaner und Bischof, von der chilenischen Nobelpreisträgerin für Literatur, Gabriela Mistral, „eine Ehre für das Menschengeschlecht" genannt, verfasste den ersten missionswissenschaftlichen Traktat und die erste religions- und kulturvergleichende Ethnographie der Neuzeit sowie historische und völkerrechtliche Werke, Denkschriften und Briefe. Darin behandelte er so gut wie alle Fragen, zu denen die erste Globalisierung der Welt im Entdeckungszeitalter Anlass gab. Er verteidigte die friedliche Evangelisation, die Einheit des Menschengeschlechts, die Rechte der indianischen Völker, aber auch die Würde und Logik ihrer Religionen und Kulturen. Ein Christ wie Bartolomé de Las Casas, der angesichts der Verquickung von Mission und Kolonialismus das Christentum als „eine Botschaft der Freiheit und eine Kraft zur Befreiung" verstand – d.h. als Religion des guten Hirten (Joh 10,10), der gekommen ist, damit alle, besonders die Armen, „das Leben haben und es in Fülle haben" –, der die Wahrheit liebte, von fremdem Leid angerührt wurde sowie Hunger und Durst nach Gerechtigkeit verspürte, ist angesichts der zweiten Globalisierung unser Zeitgenosse.

In der Enzyklika *Dives in misericordia* 11 sagt Papst Johannes Paul II.: „Es gibt Kinder, die vor den Augen ihrer Mütter den Hungertod sterben. Es gibt in verschiedenen Teilen der Welt, in verschiedenen sozio-ökonomischen Systemen ganze Zonen des Elends, der Not und der Unterentwicklung. Diese Tatsachen sind allgemein bekannt. Der *Zustand der Un-*

gleichheit unter Menschen und Völkern dauert nicht nur an, er nimmt zu. Noch immer finden wir neben begüterten Menschen, die im Überfluss leben, andere, bedürftige, die unter dem Elend leiden und oft sogar an Hunger sterben; ihre Zahl beläuft sich auf Dutzende, ja, auf Hunderte von Millionen. Deshalb wird sich die *moralische Unruhe* zusehends vertiefen. Es ist unleugbar, dass die heutige Wirtschaftsordnung und die materialistische Zivilisation auf Grundlagen aufgebaut sind, die eine fundamentale Unzulänglichkeit oder vielmehr einen ganzen Komplex von Unzulänglichkeiten, ja, einen unzulänglich funktionierenden Mechanismus aufweisen; eine solche Wirtschaftsordnung und Zivilisation machen es der menschlichen Gesellschaft unmöglich, über so radikal ungerechte Situationen hinauszuwachsen." Las Casas spürte diese moralische Unruhe, weil er ein mitleidiges Herz hatte und vom „messianischen Programm" Christi in der Synagoge von Nazareth (vgl. Lk 4,18f) Zeugnis geben wollte: „Dieses Programm bestand – wie von Jesaja prophezeit – in der Offenbarung der barmherzigen Liebe zu den Armen, den Leidenden und Gefangenen, zu den Blinden, den Unterdrückten und den Sündern" – so die Enzyklika (8) weiter.

Bartolomé de Las Casas ist eine wichtige Gestalt der Kirchen- und Menschheitsgeschichte, der Literatur- und der Kunstgeschichte geworden. Aber Las Casas, der sich – man beachte die Reihenfolge – „Christ, Dominikaner, Bischof und Spanier" nannte (OC 9: 72), ist vor allen Dingen ein „Prophet" im biblischen Sinn des Wortes, d.h. ein von Gott Berufener, der seinen Zeitgenossen beharrlich – gelegen wie ungelegen – die Forderungen des Wortes Gottes angesichts des von Menschen gemachten Unrechts, das Leid und Elend des Nächsten verursacht, in Erinnerung bringt. Viele solcher Zeugen wurden von der Kirche offiziell anerkannt und heilig gesprochen, andere wiederum werden mit dem Mantel der Verleumdung bis heute verdeckt; sie warten noch darauf, dass wir den Mut haben, ihr unbequemes Zeugnis in die prophetische Tradition der Kirche aufzunehmen.

Gewidmet ist dieses Bändchen, eine kleine Summe meiner langjährigen Beschäftigung mit Las Casas, dem Andenken jener mutigen Christen aus dem Predigerorden, die am vierten Adventssonntag 1511 in Santo Domingo den Entschluss fassten, die unmenschliche Behandlung der Indios durch ihre eigenen Landsleute in einer Predigt prophetisch anzuklagen. In den Anfängen der Evangelisation der Neuen Welt haben sie das Evangelium als frohe Botschaft für die Armen verkündet und dabei die Schranken von Klasse und Nation überwunden.

Ich danke P. Cyrill Schäfer OSB, Leiter des EOS-Verlages Sankt Ottilien der deutschen Missionsbenediktiner, für die Aufnahme des Bändchens in das Verlagsprogramm und die freundliche Betreuung des Textes.

Fribourg, zu Ostern 2011
Mariano Delgado

Zitationshinweis: Dieses Büchlein ist für ein breiteres Publikum geschrieben und enthält so wenig Quellenverweise wie möglich. Las Casas' Texte werden, sofern sie auf Deutsch vorliegen, nach meiner Werkauswahl zitiert: BARTOLOMÉ DE LAS CASAS, Werkauswahl. 4 Bde. Hg. von MARIANO DELGADO, Paderborn u.a. 1994–1997, abgekürzt: WA mit Band- und Seitenangabe. Weitere Zitate Las Casas' folgen der spanisch-lateinischen Gesamtausgabe: Obras completas. Ed. PAULINO CASTAÑEDA. 14 vols. Madrid 1988–1998, abgekürzt: OC mit Band- und Seitenangabe. Andere Werke werden mit Nennung des Autors und der Seitenangabe zitiert. Der vollständige Titel erscheint in der Literaturliste am Ende des Bandes.

I. Bekehrung und Spiritualität

In Sevilla geboren

Über Kindheit und Jugend des Bartolomé de Las Casas (1484–1566) wissen wir kaum mehr, als die im chronologischen Anhang zu diesem Buch festgehaltenen Angaben preisgeben. Was machte er und wo lebte er vor der Ankunft in Santo Domingo 1502? Heute geht man davon aus, dass er 1484 (und nicht schon 1474) in Sevilla geboren wurde, wahrscheinlich am Martinstag (11. November). Er war also ein neunjähriges Kind, als er die Indios und die exotischen Vögel sah, die Kolumbus nach seiner ersten Reise mitbrachte; und er war 18 Jahre alt, als er in die Neue Welt segelte, um das Erbe seines Vaters, der 1493 mit einem Bruder bei der zweiten Reise des Kolumbus sein Glück suchte, in Española anzutreten. Über das Jahr 1493 wird er später schreiben, dass er in Sevilla viele neue Dinge sah, „die man vorher in Spanien weder gesehen noch gehört hatte" (OC 4: 829).

Sevilla war der Ausgangs- und Zielhafen in den ersten Jahrzehnten der Entdeckung, Eroberung und Evangelisation der Neuen Welt. Wir können also davon ausgehen, dass der junge Bartolomé die Schiffe ausfahren und anlegen sah; dass auch er von der Neuen Welt träumte – vor allem nachdem sein Vater 1499 ihm einen jungen Indio als Geschenk gebracht hatte. Zusammen mit den anderen von Kolumbus verschleppten Sklaven wurde dieser im Jahr 1500 auf Befehl

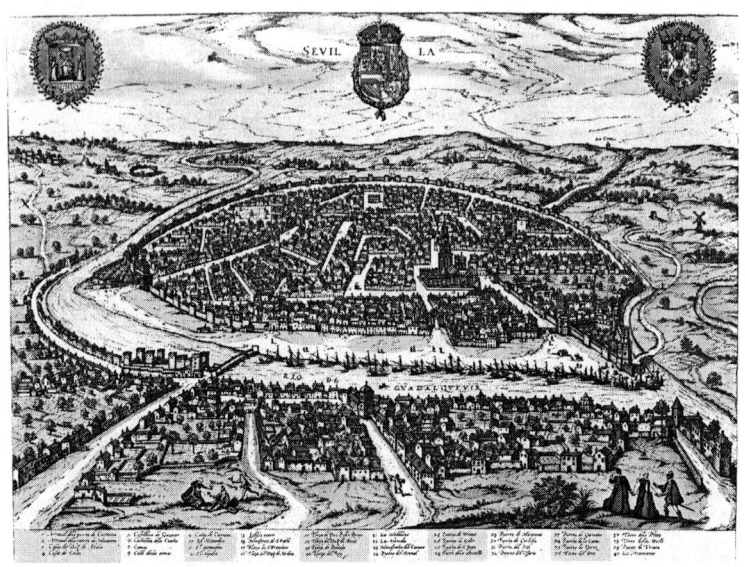

Stadt und Hafen von Sevilla (aus Georg Braun, Franz Hogenberg: Civitates orbis terrarum, Köln 1588)

der Königin Isabella in die Karibik zurückgebracht. Aber wir können in dieser Beziehung des jungen Bartolomé zu einem Indio den Beginn seiner Anteilnahme an den Völkern der Neuen Welt sehen.

Einige Autoren nennen ihn mit abschätzigem Unterton „Autodidakt". Wir wissen in der Tat kaum etwas über seine Studien vor dem Ordenseintritt im Jahre 1522. Hauptsache ist, dass er durch seine Kenntnis des Lateinischen (er schreibt vielfach Spanisch mit lateinischer Syntax) und beider Rechte, durch seine humanistische Kultur und seinen gesunden Menschenverstand bei der Beantwortung der Fragen, zu denen die spanische Expansion Anlass gab, herausragen wird.

Las Casas wuchs in einem Spanien auf, das seit der Eroberung Granadas und der Entdeckung der Neuen Welt (1492) sein Gravitationszentrum im Süden hatte und zum Atlantik hin offen war. Die Achse der Geschichte hatte sich wie durch göttliche Fügung gedreht, und Spanien war nun zur Führung berufen... und zur Führung bereit! Nach den Ereignissen des Jahres 1492 dachte man, dass eine faktische *translatio imperii*, eine Herrschaftsübertragung, nach Spanien statt gefunden hatte. Es genüge hier, ein Zeugnis des Humanisten und Reichschronisten Ferdinands des Katholischen Antonio de N(L)ebrija (1442–1522) aus dem Jahr 1499 zu zitieren: „Gemäß der Himmelsbewegung begannen alle Reiche und Monarchien im Osten und wanderten über Indien und die Assyrer, Griechenland und Italien nach Westen, wo sie zum Stillstand kamen."

Nebrija (1499, Prolog) führte diese Aussage nicht von ungefähr an, sondern um für die Katholischen Könige Spaniens die Führungsrolle in der Christenheit einzufordern, deren wunderbares Reich etwas Neues, noch nie Dagewesenes sei. 1509 betonte er ausdrücklich: Obwohl der Kaisertitel in deutschen Händen liege, sei die imperiale Macht de facto in den Händen der spanischen Könige, die nun, nachdem sie bereits Herren weiter Teile Italiens und der Mittelmeerinseln geworden seien, sich anschickten, den Krieg nach Afrika zu tragen und, indem sie ihre Flotten gegen Westen, gemäß der Himmelsbewegung segeln ließen, bereits die an Indien angrenzenden Inseln, also die sogenannte „Neue Welt" erreicht hätten. In diesem imperialen und zugleich egalitären Spanien, in dem nach der Devise *Plus ultra* alles möglich schien, wenn man mutig genug war, und in dem ein jeder, ganz gleich, ob es sich um einen zweiten Agamemnon oder um seinen Schweinehirten handelte, sich für fähig hielt, die Welt zu regieren, wuchs Bartolomé de Las Casas auf und nährte seine Jugendträume, bevor er in die Neue Welt fuhr.

Es begann mit einer prophetischen Predigt

Im Jahr 1502 kam Las Casas in die Neue Welt, um das Landgut seines Vaters in Besitz zu nehmen. Es folgten Jahre als Goldsucher und Encomendero (Sklavenhalter), nach der Priesterweihe 1507 auch als Kaplan der spanischen Soldaten und Siedler, zuerst auf der Insel Española (heute: Haiti und Dominikanische Republik) und ab 1512 auf Kuba, an dessen Eroberung er teilgenommen hatte. Im schicksalhaften Alter von dreißig Jahren befand er sich wie Dante „in einem dunklen Wald, denn abgeirrt" war er „vom rechten Weg" (*Die göttliche Komödie,* Gesang I). Er war getauft, ja zum Priester geweiht, und hatte, wie er sagt, ein „mitleidiges Herz" (WA 2: 262); dennoch war er wie so viele Berufschristen nicht bekehrt. Er glaubte zu glauben und hatte doch die Glaubensmitte nicht entdeckt, jene praktizierte, nicht bloß geglaubte Einheit von Gottes- und Nächstenliebe, auf die sich bekanntlich das Gesetz, die Propheten und die Reich-Gottes-Botschaft Jesu zurückführen lassen. Er hatte sich bis dahin nämlich die entscheidende Frage nicht gestellt, wer auf seinem westindischen Lebensweg, auf dem letztlich auch sein ewiges Heil auf dem Spiel stand, sein Nächster sein sollte: der Glaubens- und Volksgenosse, wie es den meisten, damals wie heute, wohl selbstverständlich erscheint, oder doch auch – ja „vor allem" – der Fremde, der Leidende, der Arme, das Opfer jeder Zeit par excellence außerhalb dieser menschlich, allzu menschlichen Bindungen.

Und doch erreichte ihn in diesem dunklen Wald, in der dunklen Nacht seiner Seele, das Licht des Heils, der helle Strahl des warmen messianischen Stromes seiner Glaubensüberlieferung. Er selbst erzählt uns (WA 2: 262), wie er bei der Vorbereitung einer Pfingstpredigt auf Kuba 1514 „mit sich selbst über die Stellen der Hl. Schrift nachzudenken" begann und

Karte der Insel Española (heute: Haiti und Dominikanische Republik) aus: G.B. Ramusio, Della navigazione e viaggi, Venedig 1565

von diesen Worten aus dem Buch Jesus Sirach 34,21–27 unwiderruflich berührt wurde: „... *Ein Brandopfer von unrechtem Gut ist eine befleckte Gabe, Opfer des Bösen gefallen Gott nicht. Kein Gefallen hat der Höchste an den Gaben der Sünder, auch für eine Menge Brandopfer vergibt er die Sünden nicht. Man schlachtet den Sohn vor den Augen des Vaters, wenn man ein Opfer darbringt vom Gut der Armen. Kärgliches Brot ist der Lebensunterhalt der Armen, wer es ihnen vorenthält, ist ein Blutsauger. Den Nächsten mordet, wer ihm den Unterhalt nimmt, Blut vergießt, wer dem Arbeiter den Lohn vorenthält*".

Wie einst Augustinus und Franziskus liest nun der mitleidige Las Casas die Bibel als eine an ihn gerichtete Aufforderung zur Umkehr: Was bedeutet das „für mich hier und jetzt"? So begann er „über das Elend und die Sklaverei, welche jene Völker erlitten, nachzudenken" (WA 2: 263). Jedes Damaskuserlebnis, jedes Abfallen der Schuppen von den Augen hat eine Vorgeschichte, in der der Betroffene in langen schlaflosen Nächten mit Gottes Boten ringt, wie einst Jakob mit dem Engel (Gen 32,25–29), bis er schließlich aus dem Kampf als ein von Gott Gezeichneter hervorgeht und die Morgenröte einen Neubeginn mit Gottes Segen darstellt: Nicht mehr der alte Mensch, sondern ein neuer wird er fortan sein (wollen). Welche Lebenserfahrungen führten Las Casas nun dazu, diese und ähnliche Bibelstellen, die er vorher wie ein Berufschrist öfter gelesen und doch innerlich nicht gehört hatte, als unmittelbaren Appell an seine Lebensweise zu verstehen? Was gab letztlich den Ausschlag dazu, dass aus dem angepassten Kleriker und Encomendero nunmehr ein unerschrockener, von Freimut erfüllter Prophet des warmen messianischen Stromes des Christentums wurde? In den autobiographisch gehaltenen Kapiteln seiner *Geschichte Westindiens,* die einen Hauch von Augustins Bekenntnissen versprühen, hat Las Casas einen wichtigen Hinweis festgehalten: Erhellt wurde sein Nachdenken durch das, was er vor Jahren „auf Española gehört und erfahren hatte, dass nämlich Ordensmänner des hl. Dominikus in der Predigt angekündigt hatten, dass die Spanier die Indios guten Gewissens nicht als Sklaven halten könnten und dass sie selbst denjenigen, welche sie hielten, Beichte und Absolution verweigern wollten" (WA 2: 263).

Auch Las Casas wurde von einem dieser Ordensmänner (wahrscheinlich 1512) die Absolution verweigert, weil er damals auf Española Indios in seiner Encomienda als Sklaven hielt und nicht freilassen wollte. Las Casas nahm zwar anschließend an der Conquista Kubas als Feldkaplan teil, aber nach der Absolutionsverweigerung wird er die Angst um sein Seelenheil nicht mehr los. Er verlässt also Española 1512 mit einem Wurm im Innern. Bei der Eroberung Kubas beginnt er, die Wirklichkeit mit den Augen der Opfer zu sehen. Das schreckliche Blutbad von Caonao, das er mit ohnmächtigem Entsetzen mitansehen musste, dürfte – gleich dem, was heute „Kontrasterfahrung" genannt wird – den letzten Anstoß zur Bekehrung gegeben haben. Als Feldkaplan versuchte Las Casas, der bekanntlich ein „mitleidiges Herz" und großes Ansehen bei den Indios hatte, der Soldateska vorzugreifen und früher als diese in die Indiodörfer zu kommen, um eine friedliche *Conquista* zu ermöglichen.

Zusammen mit seinen indianischen Vertrauten war er nun nach Caonao gekommen, hatte etwa 2000 Menschen auf dem Platz versammelt und nochmals um die 500 in einem großen Gemeinschaftshaus. Als die Soldaten eintrafen, hockten sich die Indios hin, „weil das bei ihnen allgemeiner Brauch ist, und bestaunten die Pferde. ... plötzlich zog ein Spanier das Schwert (und man glaubte, der Teufel sei in ihn gefahren), und hierauf zogen alle hundert das Schwert und begannen, jenen Schafen und Lämmern, Männern und Frauen, Kindern und Greisen den Bauch aufzuschlitzen, sie niederzuhauen und umzubringen, während sie ahnungslos dasaßen und die Pferde und die Spanier bestaunten; und in ganz kurzer Zeit war von all jenen, die sich dort befanden, keiner mehr am Leben." Viele weitere Details dieses Blutbads, das auf ihn einen bleibenden Eindruck hinterlassen haben muss, hält Las Casas fest, um am Ende hinzuzufügen: „Die Wunden der Toten und vieler anderer, die noch nicht gestorben waren, zu sehen, erfüllte einen mit Grausen und Schauder. ... Ich bin Zeuge all dessen ..., denn ich habe es gesehen und war anwesend ... In dem Kleriker blieb ein großes Gefühl des Bedauerns zurück" (WA 2: 257ff).

„Ich bin Zeuge all dessen" ist ein feierlicher Ausdruck entsprechend den Zeugenaussagen vor Gericht, der uns in den Westindien betreffenden historischen Werken des 16. Jahrhunderts immer wieder und in allen Lagern begegnet. Las Casas geht es allerdings nicht bloß um Wahrheit oder Lüge im „Historikerstreit" des 16. Jahrhunderts. Seine Zeugenaussagen erhalten den Charakter einer prophetischen Anklage im Namen Gottes. Mehrmals wird er bei der Beschreibung der Schrecken der kolonialen Kriegsführung Jeremias 7,11 zitieren: „*Ich; ich bin, ich habe es gesehen, spricht der Herr*" (WA 1: 273.275). Die Stimme des Propheten ist in jeder Zeit die Stimme Gottes.

Die Ordensmänner des hl. Dominikus, auf die Las Casas oben anspielt, waren im September 1510 in Española angekommen. Sie entstammten allesamt den Observanten der kastilischen Provinz, die seit 1450 gegen die Verweltlichung kämpften und das ursprüngliche Ordenscharisma erneuern wollten. Von ihnen ist geschrieben worden, dass sie dieses Charisma mit Leben füllten „wie nur in den Anfängen des Ordens". Las Casas selbst hat uns den Eifer dieser ersten Dominikanerkommunität in der Neuen Welt beschrieben. Demnach hielten sie nicht nur die alten Regeln streng ein, sondern fügten weitere hinzu, um noch strenger leben zu können. Unter anderem beschlossen sie, keine Brot-, Wein- oder Ölalmosen zu erbetteln, solange sie gesund waren (OC 4: 1519), was einen weitgehenden Verzicht auf diese Grundnahrungsmittel bedeutete. Las Casas vermerkt weiter, dass sie viele Jahre diese selbstauferlegte Strenge einhielten, wobei das Ordensleben des hl. Dominikus erblühte und erneuert wurde.

Jede radikale Nachfolge Christi angesichts des Unrechts lebt aus dem Mitgefühl, aus dem Mitleid und dem Erbarmen mit dem Schicksal anderer Menschen, denen wir dann bewusst zum „Nächsten" werden. Die Dominikaner, ausgebildet in einer lebensnahen (thomistischen) Scholastik und in der ordensüblichen Spiritualität der Kompassion, waren im Geiste strenger Observanz und radikaler Nachfolge nach Española gekommen, so dass es nicht lange dauerte, bis sie die Praxis mit dem Recht – und zwar mit dem natürlichen und positiven, aber auch mit dem göttlichen Recht der „Gottebenbildlichkeit" aller Menschen – verbanden und den Widerspruch feststellten. So deckten sie das Verhalten ihrer Landsleute auf, die „maßlos grausam waren und kein Mitleid oder Erbarmen kannten" (WA 2: 222).

Aber prophetischer Einspruch gegen das Unrecht will stets gut überlegt sein und im Gebet betrachtet werden. Genau dies taten die ersten Dominikaner, wie uns Las Casas erzählt: Da es niemanden gab, „der sich ihrer (der Indios) erbarmte, ... flehten sie zu Gott und empfahlen sich Ihm angelegentlich mit ständigen Gebeten, Fasten und Vigilien, damit Er sie erleuchte und sie sich nicht bei einer Sache irrten, bei der so viel auf dem Spiel stand ... und nachdem sie sich schließlich reiflich und oft beraten hatten, beschlossen sie, öffentlich von den Kanzeln zu verkündigen und zu erklären" (WA 2: 224). Die darauffolgende prophetische Predigt Antón Montesinos am vierten Adventssonntag 1511 im Namen der ganzen Kommunität, in der die erbarmungslose koloniale Ausbeutung denunziert, die Menschenwürde der Indios verteidigt und das christliche Gewissen der spanischen Landsleute wachgerüttelt wird, gehört zu jenen Ereignissen, die wir in der Kirchen- und Menschheitsgeschichte durchaus als „epochal" kennzeichnen sollten: *„Sagt, mit welcher Berechtigung und mit welchem Recht haltet ihr diese Indios in so grausamer und schrecklicher Sklaverei? ... Sind sie etwa keine Menschen? Haben sie keine vernunftbegabten Seelen? Seid ihr nicht verpflichtet, sie zu lieben wie euch selbst?"* (WA 2: 226).

Wie so oft musste das Evangelium zunächst und vor allem „in der Kirche" gepredigt werden. Montesino wird anschließend im Namen der Kommunität nach Spanien fahren, um

auch den katholischen König Ferdinand zu „Mitleid und Erbarmen" mit den Indios zu bewegen; da er „barmherzig und
gütig" war, zeigte der König – so die Chronik des Las Casas –
„Mitleid und Rührung" (WA 2: 233) angesichts der unmenschlichen Dinge, die in der Neuen Welt geschahen und von denen
er bisher offenbar nichts wusste. Hier, in einer prophetischen
Predigt aufgrund von Mitleid und Erbarmen angesichts des
Unrechts, hat die spanische koloniale Gesetzgebung sowie
die Rechts-titeldiskussion ihren Anfang. Mit der genannten
Predigt gaben die Dominikaner dem Christentum, kaum dass
es die Neue Welt in irdenen Gefäßen erreicht hatte, seinen
ureigenen Charakter als „messianische" Religion der Armen,
der Mühseligen und Beladenen, der Hungernden und Dürs-
tenden nach der Gerechtigkeit zurück (Henríquez Urueña, 20).
Sie streuten eine prophetische Saat von Mitleid und Erbarmen
angesichts des Unrechts aus, die im Herzen des Bartolomé de
Las Casas keimen und in seinem Lebenswerk reiche Früchte
tragen wird.

Nach seiner Verwandlung in einen barmherzigen „Hörer
des Wortes" bei der Vorbereitung der Pfingstpredigt 1514 wird
er auf seine Encomienda verzichten und dies anlässlich einer weiteren Predigt zu Mariä Himmelfahrt auch öffentlich
bekannt geben. Der nächtelange Kampf mit Gottes Engel ist
ausgetragen, der messianische Weg der moralischen Unruhe
angesichts des Unrechts bewusst und bedingungslos gewählt,
die Hand an den Pflug gelegt, der Blick nach vorne gerichtet
(Lk 9,62): Das Lebenswerk des neuen Menschen kann begin-
nen. In „seines Lebenswegs Mitte" steht Las Casas nun auf,
eilt nach Santo Domingo zum Dominikaner Pedro de Córdoba,
seinem bewunderten Seelenführer, und gelobt ihm feierlich
mit dem für ihn typischen quijotischen Pathos: „Pater, ich
werde alle Mittel erproben, die mir möglich sind, und ich will

alle Mühen bestehen, die mir auferlegt werden, um das End-
ziel der Aufgabe zu erreichen, die ich begonnen habe; und
ich hoffe, dass unser Herr mir beisteht; und sollte ich es nicht
erreichen, so werde ich das getan haben, wozu ich als Christ
verpflichtet war" (WA 2: 266).

Wie sehr dies nicht als bloße Rhetorik, sondern als Ausdruck
einer inneren prophetischen Berufung gemeint ist, erhellen
nicht zuletzt die Zeugnisse, die uns die ersten Franziskaner
und Dominikaner Españolas über den am Hof als Fürsprecher
der Indios wirkenden Weltpriester Las Casas überliefert haben.

In einem Begleitbrief an den König aus dem Jahre 1517
nennt ihn Pedro de Córdoba eine „tugendhafte und wahrhaftige Person, die seit vielen Jahren in Westindien weilt und
über alle Angelegenheiten dieses Landes Bescheid weiß; Eure
königliche Hoheit kann ihm als einem wahren Diener Gottes
in allem, was er sagen mag, mit gutem Grund Glauben schenken; denn ich glaube, dass Gott ihn erwählt hat, um so vielen
Schäden Einhalt zu gebieten". In einem weiteren Begleitbrief
aus demselben Jahr an die Regenten Jiménez de Cisneros und
Adrian von Utrecht, den späteren Papst, diesmal gemeinsam
unterzeichnet von zehn Dominikanern und elf Franziskanern
Españolas, wird Las Casas mit diesen Worten empfohlen: „Es
handelt sich um einen guten und frommen Mann, von dem
wir glauben, dass Gott ihn für diesen Dienst erwählt hat;
denn es ist nur allzu gewiss, dass er von einem großen Eifer
für Liebe und Gerechtigkeit entflammt ist, den irdischen An-
nehmlichkeiten entsagt hat und vom Willen Gottes getrieben
wird. Da er schließlich nicht frei ist von Verfolgungen und
Kränkungen, so ist es klar, dass er zu denjenigen gehört, von
denen gesagt wurde: wenn sie mich verfolgt haben, so werden
sie auch euch verfolgen. Er ist glaubwürdig, und Ew. Gnaden
können und sollen ihm Glauben schenken".

In einem anderen gemeinsamen Brief der Bettelbrüder Españolas an Monsieur Xévres, den einflussreichen Kammerdiener Karls, diesmal nur ungefähr datierbar zwischen Juni 1517 und Dezember 1519, lesen wir schließlich: „Es handelt sich um eine tugendhafte und wahrhaftige Person, einen besonderen Diener und Freund Gottes, der sich um die Einhaltung seines Gesetzes eifrig bemüht; ihn empfehlen wir Ew. Gnaden freundlichst an und bitten, ihm viel Glauben zu schenken, denn es handelt sich um eine Person, die es verdient und die in diesen westindischen Angelegenheiten nichts anderes als der Wunsch bewegt, Gott und Seiner Majestät zu dienen" (Medina, 266f.287).

Es dürfte kein Zweifel darüber bestehen, dass die Bettelbrüder Españolas, Dominikaner wie Franziskaner, Las Casas bereits in seiner Zeit als bekehrter Weltpriester für den besten Schüler ihrer observanten Frömmigkeit hielten.

Weltkluger, mitleidiger und barmherziger Prophet

In der nun folgenden Wirkungsphase als bekehrter Weltpriester finden wir bei Las Casas bereits seine zentrale mystisch-politische Einsicht, dass man in den unterdrückten Indios Christus „nicht einmal, sondern tausendfach geißelt, quält, ohrfeigt und kreuzigt" (WA 2: 291). Er entfaltet daher eine fieberhafte Aktivität, um die Indios von den Händen ihrer Peiniger loszukaufen und die Krone davon zu überzeugen, dass eine friedliche Evangelisierung und Kolonisierung möglich und auch in wirtschaftlicher Hinsicht rentabler sei. Aber erst nach dem Scheitern dieser Pläne und seinem Eintritt in den Dominikanerorden zu Santo Domingo 1522 werden seine Kontemplation und seine Aktion feste, unverwechselbare

Konturen annehmen. Für sein Leben gilt nun: „je mystischer, desto politischer". Die langen Jahre des Studiums und Predigens, zuerst in Santo Domingo und dann in Puerto de Plata (Española), wo er als Prior wirkte, werden ihn zutiefst prägen.

Als er mit dem langen *Brief an den Indienrat* vom 20. Januar 1531 den politischen Kampf im reifen Alter von 47 Jahren wieder aufnimmt, kann er aus einer soliden, theologisch durchdachten mystischen Erfahrung schöpfen. Er trifft nun eine bewusste Option für die Indios, die Armen und Bedrängten seiner Zeit, die, obwohl ungetauft, zum mystischen Leib Christi gehören; er betrachtet die Wirklichkeit systematisch mit ihren Augen, als „wenn er ein Indio wäre" (OC 9: 604), weil dies auch die Perspektive Gottes ist; er teilt die Menschen in barmherzig/mitleidige und unbarmherzig/mitleidlose und handelt aus „Mitleid" mit Opfern und Tätern, denen er die Frohbotschaft von Gott als Vater des Erbarmens prophetisch verkünden möchte; und er ist schließlich ein „betender" Prophet, aber auch ein politisch denkender und handelnder Prophet.

Option für die Indios

Die vorrangige „Option für die Armen", von der die heutige Theologie der Befreiung immer wieder spricht, ist keine neue Erfindung, sondern ein Grundmerkmal der Christentumsgeschichte. Auch wenn die Theologen dies nicht immer so deutlich wie in der Gegenwart begründet haben, so hat es immer Zeugen gegeben, die diese Option eindrucksvoll mit Leben füllten und die Kirche daran erinnerten, dass Christus vom Vater gesandt wurde, „den Armen frohe Botschaft zu bringen, ... die im Herzen Zerknirschten zu heilen" (Lk 4,18), „zu suchen und zu retten, was verloren war" (Lk 19,10), und dass die

Kirche daher „in den Armen und Leidenden ... das Bild ihres armen und leidenden Gründers" zu erkennen hat (*Lumen gentium* 8). Auch Las Casas hat eine solche Option in der Kirche seiner Zeit eingeklagt, und zwar nicht nur auf der Ebene des barmherzigen Verhaltens des Einzelnen (Werke der Barmherzigkeit usw.), sondern auch auf der Ebene der rechtlich-politischen Gestaltung eines gerechten, barmherzigen Gemeinwesens, wie sein Kampf um Schutzgesetze für die Indios, ja um ihr Recht auf politische Selbstbestimmung zeigt.

Als er nach Belegen sucht, um eine solche Option zu begründen, zitiert er nicht nur die klassischen Bibelstellen, die in *Lumen gentium* angeführt werden, sondern auch die einschlägigen Stellen aus dem Kirchenrecht, die von der Pflicht der Kirche, besonders der Bischöfe, zur Sorge um die „Elenden" handeln, „die aufgrund ihres Elends ihre Sachen nicht vertreten und ihrem Recht keine Geltung verschaffen" können, „will sagen, aufgrund ihrer Armut oder Verzagtheit, des Verfalls oder der Erfahrung oder der Furcht oder sonstwelchen Unvermögens" (WA 3/1: 437).

Als „Elende" wurden nach dem Kirchenrecht vor allem die Armen, Bedrängten, Waisen und Witwen verstanden. Las Casas dehnt nun diesen Begriff auf alle indianischen Völker aus: „Alle eingeborenen Indios im gesamten Bereich Westindiens im Ozeanischen Meer, sowohl Herren und Große wie Kleine und Vasallen sind ganz und gar und ausnahmslos die armseligsten und unterdrücktesten, bedrängtesten und ungeschütztesten Personen, welche unter allen Geschöpfen der Welt die schwersten Ungerechtigkeiten erleiden und am stärksten der Verteidigung, der Zuflucht und des Schutzes bedürfen. Elende sind nämlich jene, vor denen selbst die Natur die Menschen – es sei denn, es handelt sich um bestialische und grausame Menschen – zum Mitleid mit ihnen bewegt". Und wenig später betont er nochmals mit Nachdruck, „dass diese elenden Völker die erbarmungswürdigsten, niedergeschlagensten, am meisten beleidigten, ohnmächtigsten, schutzlosesten und bedürftigsten sind, welche auf dem Erdenrund zu finden sind, an deren Trübsalen und Nöten man auch mit größter Anstrengung, Zuneigung und Wirksamkeit Anteil zu nehmen hat" (WA 3/1: 437f).

Erbarmen als Handlungskriterium

Gerade weil die geschundenen Indios „Elende" sind, die „Mitleid und Erbarmen" verdienen, sieht Las Casas darin ein wirksames Kriterium, um die Menschen seiner Zeit zu beurteilen. Wenn er von den „Tyrannen" spricht, die in Conquistas (Eroberungskriege: *ingressus* der Spanier in Amerika) und Encomiendas (sklavereiähnliche Zuteilung der Indios an die Konquistadoren: *progressus* der spanischen Präsenz in Amerika) die Indios unterdrücken, so ist das Fehlen von Mitleid und Erbarmen ein alles beherrschendes Motiv, etwa in seinem *Ganz kurzen Bericht über die Zerstörung Westindiens,* wo es immer wieder heißt: den Spaniern in Westindien „lag weder an Treue zu Gott oder zum König noch an Mitleid mit jenen gequälten Völkern, noch kannten sie Erbarmen", sie kannten oder empfanden „kein Mitleid", wie Nero mit dem brennenden Rom; sie handelten „ohne Erbarmen mit dem Menschengeschlecht" und ließen es „so sehr an Barmherzigkeit und Mitleid fehlen" (WA 2: 72, 89, 107, 132) usw.

Das Fehlen von Mitleid und Erbarmen führt Las Casas nicht zuletzt auf die Habgier zurück, die sich im Herz der Konquistadoren und Encomenderos eingenistet hat. Denn der Habgierige zeichnet sich durch „Unmenschlichkeit und Herzenshärte wider jede Barmherzigkeit" aus, er „entbehrt eines mitleidigen Herzens" und kennt „kein Mitleid". Er „ist im Herzen hart, ohne jede Barmherzigkeit ... hat mit niemandem Mitleid", nicht einmal „mit seinen nächsten Angehörigen"; als Mensch ohne Mitleid und Erbarmen wird er „alles nur Mögliche tun", um die Indios „zu verderben und ihr Leben zu zerstören" (WA 3/2: 108f.114.111).

Auf der anderen Seite handeln nach Las Casas diejenigen, die in den Indios bedrängte Menschen sehen, denen es beizustehen gilt, stets „von Mitleid bewegt". Aber mit der Volksweisheit weiß er: „Was nicht im Blick ist, pflegt auch nicht im Herzen zu sein"; und mit Aristoteles kann er sagen, dass „nur das Leid, das vor Augen liegt, bemitleidet wird, dagegen was vor tausend Jahren war oder sein wird in tausend Jahren (genauso wie das, was in Westindien, zweitausend Meilen von Spanien entfernt geschieht) weder in der Hoffnung noch in der Erinnerung noch überhaupt Mitleid weckt oder noch nicht im gleichen Maße" (WA 3/1: 345). Gerade weil er das weiß, hat er in seinen Werken das Leiden der Indios anschaulich beschrieben, „damit jeder Christ noch größeres Mitleid mit jenen unschuldigen Völkern empfindet" (WA 2: 135). Daneben gibt er noch ein anderes Mitleidsmotiv für seine Schriften an: „Mitleid mit meinem Vaterland, nämlich Kastilien, damit Gott es dieser überaus großen Sünden wegen nicht zerstört, die gegen Seinen Glauben und Seine Ehre und gegen die Nächsten begangen wurden" (WA 2: 136).

Die Frohbotschaft vom Gott des Erbarmens

Gott ist für Las Casas wie für die Enzyklika *Dives in Misericordia* 2 vor allem der „Vater des Erbarmens" (2 Kor 1,3), einer, dessen Wille darin besteht, „dass alle gerettet und zur Erkenntnis seiner gelangen" (1 Tim 2,4), einer, „der die Bekehrung der Welt zum Glauben an ihn mit Erbarmen, Milde, Sanftmut, Frieden und Frömmigkeit erreichen wollte" (WA 3/1: 349), einer, „der, als er den Sohn … von weitem sah, im Innersten von Mitleid bewegt wurde" (WA 1: 150), einer, der seinen Sohn nicht in die Welt gesandt hat, „dass er die Welt richte, sondern dass die Welt durch ihn selig werde" (Joh 3,17), einer schließlich, der seinen Sohn nicht als Ankunft der Gerechtigkeit, „sondern der Barmherzigkeit" in die Welt sandte (WA 1: 177). Ein solcher Gott will, dass wir sein Evangelium „sanft und barmherzig" verkünden, dass wir „Werke der Barmherzigkeit" üben (WA 1: 163 u.a.), „Barmherzigkeit gegen die Bedrängten zeigen" (WA 1: 232), die Bedrängten befreien und den Verängstigten zu Hilfe eilen (WA 3/1: 346). Die Frohbotschaft des Erbarmens muss allen gepredigt werden, den Opfern wie den Tätern, aber auf je verschiedene Art und Weise. Gerade dies tut Las Casas, so dass er der Gefahr einer unverbindlichen, subjekt- und situationslosen Gottesrede entgeht.

Gegenüber den Indios betont er das Motiv des „guten Hirten", der nicht gekommen ist, „zu stehlen, zu schlachten und zu vernichten", sondern damit die Indios durch die Evangelisierung „das Leben haben und es in Fülle haben" (Joh 10,7–10: WA 1: 303). Insbesondere den Bischöfen Westindiens wird Las Casas in Erinnerung rufen, dass sie dem Idealbild des „guten Hirten" zu entsprechen haben und aus göttlichem Recht für die „Befreiung, Verteidigung und Bewahrung" ihrer Herde „unerbittlich und unermüdlich" einzutreten haben (WA 3/1: 101–112). Er selbst hat sich als Bischof bemüht, diesem Ideal zu entsprechen.

Ein solcher Gott als „barmherziger Vater" und „guter Hirt" ist vom Leiden der Opfer der Geschichte zutiefst angerührt, vor allem dann, wenn, wie Las Casas schreibt, „das Geschrei soviel vergossenen Menschenblutes schon zum Himmel"

steigt und auch „die Erde selbst ... es nicht mehr ertragen"
kann, „dass sie so sehr von Menschenblut getränkt ist" (WA
3/1: 347). Auch ein Nikolaus von Kues (716f) wusste, dass
der Herr, König des Himmels und der Erde, das Seufzen der
Ermordeten und Gefesselten und der in Knechtschaft Geführ-
ten hört, „die dies um der Verschiedenheit ihrer Religionen
willen erduldeten". Las Casas ist sogar davon überzeugt, dass
angesichts der Gräueltaten seiner Landsleute in der Neuen
Welt „die Engel des Friedens weinen, ja Gott selbst Tränen
vergießt" (WA 3/1: 348).

Aber ein solcher Gott erbarmt sich auch der Täter, die er
durch die Ankündigung seines Zornes zur zeitigen Umkehr,
zum Verlassen des Todesweges und zur Wahl des Lebenswegs
aufrufen möchte. Seit seinem langen *Brief an den Indienrat*
vom Januar 1531 wird Las Casas immer wieder von einem
Gott reden, „der ein gerechter Richter ist", und den schrecklichen Tag „des überaus gerechten und strengen göttlichen
Gerichtes" beschwören, an dem seinen Landsleuten, vor allem der Krone und den Mitgliedern des Königlichen Rates,
„genaueste Rechenschaft" über das ihnen anvertraute Evan-
gelisierungswerk abverlangt werden wird; spätestens an diesem Tag werden alle Untaten ans Licht kommen, und Gott
wird jedem in Liebe gerecht werden.

Das Gerichtsbewusstsein nach Matthäus 25,31–46 ist, wie
Gustavo Gutiérrez (Memoria, 29) bemerkt hat, die zentralste
Intuition in der Gottesrede Las Casas'. Dies führt ihn nicht nur
dazu, im Leidenden hier und jetzt einen „anonymen Christus"
zu entdecken, dem es aus Mitleid und Barmherzigkeit heraus
beizusteuern gilt, sondern auch zu einer Gerichtshoffnung für
die unschuldig leidenden, aber nicht getauften Indios. Je älter
er wird, desto mehr rückt diese tröstende Gerichtshoffnung
in den Vordergrund. So hält er in seiner *Geschichte West-*

Titelseite der „Brevísima relación de la destruición de las Indias" (Sevilla 1552), einer Zusammenfassung der „Historia de las Indias".

indiens an die Adresse von Gonzalo Fernández de Oviedo, einem notorischen Verleumder der Indios, um 1561 fest: „Und es könnte sein, dass von diesen, die wir hienieden so sehr verachten, sich am Tag des Gerichts zur rechten Hand mehr finden als von uns" (OC 5: 2398). Und in seinem *Traktat über die Schätze Perus* aus demselben Jahr wird er noch deutlicher: „Mir scheint, sie [die Indios] könnten allenfalls einen gewissen Trost und Hilfe in der Vorstellung finden, dass am Tag des Gerichts, wenn alle herbeigerufen und angehört, wenn ihre und der anderen Völker Verdienste und Sache erörtert, wenn alle Listen und Machenschaften der Tyrannen und die Nichtigkeit ihres Tuns offengelegt und durch das Wort des gerechten Richters zur ewigen Strafe verurteilt werden, die Unschuld derer, die von jenen hienieden Übles erlitten, so nicht anderweitige Sünden es verhindern (für die es auch ohne Glauben keine Entschuldigung gibt), zu Tage tritt, verteidigt und geschützt wird" (WA 3/1: 297).

Den Mächtigen furchtlos ins Gewissen reden

Aber es scheint mir wichtig, dass wir der Gottesrede Las Casas' nicht nur Gerichtsbewusstsein abgewinnen, sondern auch würdigen, wie er die Gerichtsbotschaft klug an die richtige Adresse richtet. Er versteht sie als eine „befreiende", die allen Opfern, „die Unrecht leiden, eine unverlierbare Hoffnung zusagt", als „Tröstungs- und Ermutigungskraft" angesichts geschichtlicher Bedrängnis, aber auch als eine Botschaft, die alle erbarmungslosen Täter der Geschichte an Gottes Strenge und Gerechtigkeit erinnert. Häufig haben Berufschristen – wie das Dokument „Unsere Hoffnung" der Würzburger Synode 1975 anmahnte (92f) – den befreienden Charakter der Gerichtsbotschaft in der Kirche selbst verdunkelt, weil sie sie zwar laut und eindringlich vor den Kleinen und Wehrlosen, aber häufig zu leise und halbherzig vor den Mächtigen dieser Erde verkündet haben. *Reinhold Schmeicheln Ende*

Las Casas steht hier in der Tradition der alttestamentlichen Propheten, die „den Königen" furchtlos ins Gewissen reden. Er hatte es mit den mächtigsten Königen seiner Zeit zu tun, mit Karl V. und Philipp II., die sich als der David und der Salomon Spaniens verstanden. Und beide erinnerte er an die Forderungen des Wortes Gottes. Ein gutes Beispiel prophetischer Rede ist das Schreiben, mit dem Las Casas sein letztes Werk, den *Traktat über die zwölf Zweifelsfälle,* 1564 Philipp II. widmete. Er erinnert diesen daran, dass nach der Bibel die Könige „nur zeitlich eingesetzte Stellvertreter und Statthalter Gottes sind, die ersten Diener und Vollstrecker der göttlichen Vorsehung"; dass auch nach den „klugen weltlichen Gelehrten" die Könige den Völkern „wie Väter und Hirten" sind (WA 3/2: 261). Danach bekundet Las Casas, dass er berufen war, den Königen Spaniens das Geheimnis über die Unterdrückung der Indios zu offenbaren, und dass er dazu diesen Traktat geschrieben habe, in dem er u.a. auf zwölf Zweifelsfälle antwortet, die ihm ein Ordensbruder vorgelegt hatte: „Ich war zur Antwort durch göttliches Gebot verpflichtet, wie es Petrus in 1 Petr 3,15-16 verkündet: ,Seid allezeit bereit zur Verantwortung gegen jeden, der von euch Rechenschaft über die Hoffnung fordert, die ihr in euch habt; doch mit Sanftmut und Furcht'" (WA 3/2: 264). Las Casas versteht sein Wirken als fundamentaltheologische Aufgabe! Dann fordert er den König auf, endlich „jene Übel auszumerzen und einen gänzlich anderen als den bisher eingeschlagenen Weg zu gehen. Vielleicht werden Sie auf diesem Weg die Gefahr bannen, in der Spanien unbesorgt darüber lebt, dass Gott die Strenge seines Zorns über es ausgießt [...] Was mich betrifft, so habe ich die Sache pflichtgemäß geschildert" (WA 3/2: 265f).

Ein betender Prophet

Las Casas erflehte Gottes Erbarmen für Indios und Spanier
unter Seufzen und Weinen und machte so von einem fundamentalen Recht und einer fundamentalen Pflicht der Kirche
vor Gott und den Menschen Gebrauch: von dem Recht und
der Pflicht, angesichts des Unrechts oder inmitten von Leid
und Elend „„mit lautem Schreien' (vgl. Hebr 5,7) den Gott des
Erbarmens anzurufen" und Erbarmen zu „erflehen" (*Dives in
misericordia* 15). Erst diese Dimension erweist ihn als einen
wirklichen „Jünger" des Herrn. Zahlreiche Zeugnisse belegen
seine Gebetspraxis.

Las Casas selbst sagt von sich, es scheine, dass er geboren wurde und Gott ihn dazu bestimmt habe, „um ständig
fremden Kummer zu beweinen", den er freilich nicht weniger
tief empfinde, „als wenn er mein eigener wäre". So kann er
nicht umhin, festzuhalten, was seine Seele ihm „jeden Tag
beschreibt und beweint", obwohl er „so leben könnte, wie andere leben, die dies nämlich übergehen, dabei aber vielleicht
das Risiko eingehen, ihre Rettung aufs Spiel zu setzen" (WA
3/1: 490f).

Aus den vielen fremden Zeugnissen seien hier nur zwei
von Tomás de la Torre genannt, seinem Mitbruder und Mitar-
beiter während der Zeit als residierender Bischof von Chiapa
(1544–1546). De la Torre berichtet, wie sich Las Casas nachts
in seiner Kammer lange Stunden dem Gebet widmete, wobei
sein Seufzen und Klagen die Ordensbrüder tief beeindruck-
te. Und als Las Casas 1545 die erbitterte Feindschaft der Gerichtsbeamten des königlichen Gerichtshofes *Audiencia de los
Confines* zu spüren bekam, von denen er forderte, sie sollten
den Untaten der Spanier Einhalt gebieten, wie dies die königlichen Neuen Gesetze (Leyes Nuevas) von 1542 vorsahen, soll

er nach De la Torre in Tränen zu Gott gebetet haben: „Herr, Du weißt, was ich damit beabsichtige und was ich damit verdiene, nämlich Hunger, Durst, Ermüdung und den Hass aller; wenn ich mich täusche, so täusche ich mich um deines Evangeliums willen; aber so wie ich es verstehe, glaube ich, mich nicht zu täuschen; und wenn ich es nicht richtig verstehen sollte, so wirst Du, Herr, mich erleuchten, damit ich nicht der Stein des Anstoßes bleibe, der ich in dieser Welt bin" (Ximénez 3: 666.776).

Ein politischer Prophet

Bekanntlich hat es Las Casas nicht dabei belassen, für die Indios und die Spanier zu beten, sondern er betrachtete es auch als seine Pflicht, für Freiheit, Gerechtigkeit und Frieden einzutreten.

Vom Frieden hat Las Casas ein biblisches Verständnis. Es besteht nicht im bloßen Fehlen von Krieg nach Art der *Pax romana*, die damals wie heute die Abschreckung für das wirksamste Mittel zur Friedenssicherung hält. Die Christen sollten sich vielmehr um jenen Frieden bemühen, der Frucht und Werk „der Gerechtigkeit" ist (Jes 32,17: WA 2: 369 u.a.). Diese Friedensvision verband Las Casas mit einer schonungslosen Geißelung des Krieges, die auch Zeichen seines „mitleidigen, barmherzigen Herzens" ist, seiner Fähigkeit zur Wahrnehmung von fremdem Leid und Elend: „Im Krieg werden die Viehherden weggetrieben, die Felder verwüstet, die Bauern gemordet, im Lauf vieler Generationen aufgebaute Landgüter werden im Stich gelassen, die blühendsten Städte werden in der Zeit der unheilvollen Kriege zerstört ... Die Gesetze schweigen, die Menschlichkeit wird verlacht, Gerechtigkeit findet nirgends Platz, die Religion dient nur dem Hohn ... Ebenso ist im Krieg alles voll von Söldnern, Räubern und Frauenschändern, überall finden sich Brandstiftung und Mord. Was ist der Krieg denn anderes als allgemeiner Mord und Ausplünderung vieler Menschen? Je verbrecherischer der Krieg ist, um so weiter dehnt er sich aus, um so viel mehr Tausende von unschuldigen Menschen werden ohne jede Schuld und ohne solches Übel zu verdienen, in das größte Unglück gestürzt. Schließlich richten die Menschen im Krieg ihre Seelen und Körper und ihre Reichtümer zugrunde" (WA 1: 260).

Aber Las Casas war kein weltfremder Pazifist. Er geißelte den Krieg und erinnerte die Glaubensapostel daran, dass sie als Lämmer inmitten von Wölfen aufzutreten haben, denn „so ist es der Kirche von ihrem obersten Herrn und Erlöser geboten (Mt 10,16; Lk 10,3), so haben die Apostel getan, und die gesamte universale Kirche hat dies zu jeder Zeit so gepflegt" (WA 1: 408). Von den Lämmern der Geschichte aber, von den Indios als den Opfern einer rücksichtslosen kolonialen Expansion, erwartete er nicht, dass sie sich tatenlos ihrer Freiheit und Länder berauben oder gar abschlachten lassen sollten; vielmehr gestand er ihnen im Sinne des „gerechten Krieges" das elementare Recht auf Selbstverteidigung zu (WA 3/2 351–363).

Verliebter, mystischer Blick auf die Natur der Neuen Welt

Entdecker, Konquistadoren und Missionare beschreiben die Neue Welt als eine sagenhafte Welt, die die kühnsten Phantasien der Ritterromane übertrifft. Ihre Chroniken und Berichte sind nicht zuletzt Ausdruck ihres Staunens angesichts des Neuen. Bereits Christoph Kolumbus (91) belegt dies, wenn er schreibt: „Alles, was sich meinem Blicke bot, war so herrlich anzusehen, dass ich des Bewunderns nicht müde wurde". Ähnlich wird der Konquistador Bernal Díaz del Castillo (200) seine

Gefühle beim Einzug in die Hauptstadt des Aztekenreichs ausdrücken: „Wir marschierten wie im Traum durch diese Herrlichkeiten". Bei Las Casas finden wir selbstverständlich das erwähnte Staunen. Einerseits ist es mit einer Liebe zur Neuen Welt verbunden, die seinen Blick in den Blick eines Verliebten mit einer quasi „mystischen" Betrachtung der Natur verwandelt; und andererseits lässt es das apologetische Interesse durchschimmern, die indianischen Völker und Kulturen, aber auch die Natur der Neuen Welt gegen Verleumdungen und Geringschätzung zu verteidigen.

Die Anmut der Neuen Welt ist bereits von weit her auf dem Meer zu spüren: „... es ist etwas Wundersames, welche Frische, welche angenehmen Düfte und Wohlgerüche die Menschen spüren, wenn sie sich auf den Schiffen den ersten Inseln nähern, wie wenn sie vor sich Rosen und Blumen hätten" (OC 6: 323).

Ein linguistisches Zeichen für seinen verliebten Blick ist, dass Las Casas bei der Nennung eines indianischen Wortes in Klammern sorgfältig anführt, wie es auszusprechen sei: „die letzte Silbe lang", oder „die mittlere Silbe kurz". Ein anderes Zeichen sind die hyperbolischen Übertreibungen, die wir immer wieder finden. Wer verliebt ist, beschreibt seine Geliebte als die schönste, beste und anmutigste Person auf der Welt; er entschuldigt die Schwächen oder hat keinen Blick dafür. Las Casas selbst hat aber von sich gewiesen, dass er übertreibe oder sich literarischer Steigerungsformen bediene: „...und ich betone wahrhaftig, dass alles, was ich über die letzten Regionen gesagt habe, nicht als Übertreibung zu verstehen ist" (OC 7: 555).

Wie soll man aber wenn nicht als Übertreibung verstehen, dass er im Hinblick auf manche Provinz der Insel Española, die er ja aus eigener Erfahrung bestens kannte, nicht nur von

„Millionen von Bächen" spricht, die er alle mit seinen Augen gesehen habe (OC 6: 312), sondern auch für ein einziges Tal die konkrete Zahl von „dreißig Tausend Flüssen und Bächen" nennt, „die es schmücken und verschönern und erfrischen mit ihren nächtlichen Brisen und dünnen Lüften, mit der Frische und Sanftheit ihrer sehr schönen Ströme, mit den schnellen, tobenden und dünnen Gewässern, die sie führen, was des Staunens sehr würdig ist" (OC 6: 324)? Las Casas verliebter Blick bei der Beschreibung Españolas ähnelt dem Don Quijotes, nicht nur bei der Schilderung Dulcineas, sondern auch der Höhle Montesinos oder der Lagunen von Ruidera in den Weiten der Mancha. Española und andere Teile der Neuen Welt muten Las Casas quasi paradiesisch an. Ausdrücklich vergleicht er das Tal „Vega Real" Españolas mit den Elyseischen Feldern (OC 6: 323). Betrachten wir nun einige Kostproben seines verliebten, quasi mystischen Blicks bei der Betrachtung der Insel Española.

Über die dortigen „Glühwürmchen" schreibt er: „Es gibt dort einige Glühwürmchen oder nächtliche Vögelchen, welche die Indios *cocuyos* (die mittlere Silbe lang) und wir in Kastilien *luciérnagas* nennen, oder vielleicht sind es fliegende Skarabäen mit den Gedärmen voller Licht. Sie sind so groß, dass mit einem einzigen davon lebend in der Hand, aber besser mit zwei, das Morgengebet selbst mit einem Stundenbuch von kleinem Schriftgrad gebetet werden kann; und ich habe so gebetet, wie ich meine, wie wenn ich zwei Kerzchen in der Hand gehabt hätte" (OC 6: 293). Diese Szene – Las Casas beim Beten des Breviers in der Morgendämmerung im Lichte der „Glühwürmchen" – hätte wahrlich den Pinsel eines Francisco de Zurbarán verdient!

Über die besonderen Singvögel auf Española heißt es: „In diesen hohen Bergen gibt es einige Vögelchen verschiedener

Las Casas zeigte sich fasziniert von der reichen Natur der karibischen Inseln.

Farben, schön, wie man sagt, aber ich habe sie nie gesehen, sondern nur gehört und gut gehört. Sie singen je für sich allein dreistimmig: ich sage, dass sie je für sich allein dreistimmig singen, was gewiss eine erstaunliche Sache ist; sie singen nicht zugleich dreistimmig, sondern nacheinander mit verschiedenen und wohlklingenden Stimmen wie eine Sopranistin, ein Tenor und ein Bariton, aber alle so schnell und so hell und süß, dass es scheint, als würden sie alle drei zugleich aus drei verschiedenen Subjekten oder Organen klingen. Man kann ihren süßen Klang nicht genug preisen noch deutlich genug erklären, nur dass es sich um eine sehr süße und ergötzende Musik handelt. Ich habe sie in jenen sehr hohen Bergen gehört, und ich bezeuge, dass es sich um etwas handelt, das in den Menschen, die es erstmals hören, zu vielem und großzügigem

Dank Gott gegenüber führt. Um jenen Gesang zu genießen muss der Mensch sich zunächst hinsetzen und im Stillen hören lernen, denn bei dem geringsten Lärm schweigen sie sofort und vielleicht verstecken sie sich" (OC 6: 297).

Angesichts der Schönheit der Schöpfung in der Neuen Welt sinniert Las Casas, der eine kontemplative Seele nach dem mystischen Prinzip des „Gott finden in allen Dingen" gehabt haben muss, dass kein weiser und kluger Mensch, sei er ein neugieriger Philosoph oder ein frommer Christ, die Reise nach Española bereuen würde: „Der Philosoph, um eine solche Tat und ein solch an Schönheit hervorstechendes Werk der Natur zu sehen und sich daran zu erfreuen; der Christ, um die Macht und die Güte Gottes zu betrachten, der in dieser sichtbaren Welt eine so würdige, schöne und anmutige Sache schuf, damit die Menschen darin eine so kurze Zeitspanne ihres Lebens verbringen; durch eine solche Betrachtung kann der Christ zur Betrachtung der unvergleichlich schöneren, unsichtbaren, himmlischen Wohnungen aufsteigen, die der Herr für diejenigen hergerichtet hat, die Glauben haben und seinen Willen erfüllen. Aus all dem kann der Christ einen Grund schließen, stets denjenigen zu loben und zu preisen, der alles erschaffen hat" (OC 6: 323). Glauben haben und Gottes Willen erfüllen: das ist der Inbegriff jener spanischen Mystik, die Teresa von Avila mit dem „Sólo Dios basta" (Gott allein genügt) prägnant zum Ausdruck brachte!

II. Das Recht des Anderen

„Überseeminister" am Hof des jungen Karl

Im reifen Alter von dreißig Jahren hatte Las Casas seine Lebensaufgabe gefunden: dass den von den Spaniern so beleidigten und unterdrückten indianischen Völkern Gerechtigkeit widerfährt. Nach seiner Bekehrung fuhr er nach Spanien, um König Ferdinand über die Missstände in Westindien aufzuklären. Da dieser aber 1516 starb, und Karl noch nicht in Spanien eingetroffen war, verhandelte Las Casas zuerst mit dem Regenten, Kardinal Francisco Jiménez de Cisneros. Nach einer gescheiterten Mission auf Española, wohin er von Cisneros als *Protector de los Indios* (Beschützer oder Fürsprecher der Indios; später werden die Bischöfe von Amts wegen diesen Titel tragen) zurückgesandt wurde, kam er im Sommer 1517 wieder an den Hof. Da Cisneros im Sterben lag, beschloss Las Casas, in Valladolid die Ankunft Karls abzuwarten. Bis Ende 1520 wird er am Hof des jungen Karl sein: in Valladolid, Aranda de Duero, Zaragoza, Molins de Rey bei Barcelona und La Coruña. Der Hof war, in der heutigen Sprache ausgedrückt, ein Tummelplatz verschiedenster Lobbyisten. Vier Gruppen sind darin zu unterscheiden:

Die „Fernandisten" (wie Juan Rodríguez de Fonseca, Bischof von Burgos und Präsident des Kronrates, und Lope de Conchillos, einflussreicher Sekretär des Kronrates) gelten als „Aragonesen" und „Marranen", Vorkämpfer des monarchi-

schen Absolutismus, halten die Behördenstellen im Kronrat
und in den Kolonien, wo sie auch eigene finanzielle Interessen
haben, besetzt und betrachten diese hauptsächlich als wirt-
schaftliches Unternehmen und einträgliche Einnahmequelle,
kurzum, die Bilanz muss stimmen.

Die „Kolumbisten" (oder Anhänger der Familie Kolumbus)
sind vor allem Siedler, die der Ideologie der Comunidades na-
hestehen, nach mehr Autonomie in den politisch-wirtschaft-
lichen Angelegenheiten der Kolonien streben, sich von den
Fernandisten entmachtet fühlen, aber sich mit ihnen in der
Ausbeutung der Indios und der natürlichen Ressourcen einig
sind. Aus dieser Gruppe werden die meisten Eroberer des Festlandes hervorgehen.

Als dritte Gruppe sind die Kirchenleute zu nennen, besonders der Großteil der „Bettelbrüder", die keinen Hehl daraus
machen, dass sie in Schutz, Erhaltung, Vermehrung und Evangelisierung der autochthonen Bevölkerung, die für sie „den"
Reichtum Westindiens darstellt, die Hauptaufgabe Spaniens in
der Neuen Welt sehen, ja die heilsgeschichtliche Hauptaufgabe
der historischen Stunde überhaupt (ähnlich werden es später
die Jesuiten und andere Missionsorden sehen).

Als vierte Gruppe kommen ab 1517 mit Karl dessen „flämische Berater" (von spanischen Historikern oft abschätzig „die
flämische Kamarilla" genannt) dazu, die zwar ein reges und bei
manchen, wie etwa Adrian von Utrecht, dem späteren Papst,
auch echtes Interesse an den Vorschlägen des Las Casas zugunsten der Indios äußern, da sie der Meinung der Bettelbrüder
sind, aber zumeist – ähnlich den Fernandisten – in den Kolonien hauptsächlich ein Wirtschaftsunternehmen sehen. Anders
als die Fernandisten haben sie aber nicht primär die Interessen
der kastilischen Krone im Blick, sondern die Finanzierung der
Kaiserwahl Karls und seiner europäischen Großmachtpolitik.

Man kann zuweilen auch den begründeten Verdacht hegen, dass die Flamen in den leidenschaftlichen und zugleich sachkundigen Plädoyers des Las Casas am Hof gegen die Ausbeutung der Indios nicht zuletzt eine willkommene Gelegenheit sehen, die Fernandisten zu entmachten.

Las Casas' Wirken in dieser ersten Phase am Hof ist geprägt von großer Bewunderung für die flämischen Berater Karls, von einem Vorschlag zur behutsamen Aussendung von afrikanischen Sklaven nach Westindien, von einer prophetischen Anklage der Encomienda durch die acht Hofprediger, die er dafür gewinnen konnte, von einer Kontroverse vor dem jungen Karl mit dem ersten Bischof des Festlandes über die „aristotelische" Frage, ob die Indios freie Menschen oder Sklaven von Natur seien, und schließlich von einem Projekt, die Perlenküste Venezuelas friedlich zu evangelisieren und dabei noch den finanziellen Erwartungen des Hofes Rechnung zu tragen. Über all dies informiert er uns aus erster Hand im dritten Buch seines Werkes *Geschichte Westindiens*, in dem er von sich selbst in der dritten Person als dem „Kleriker" (er war damals Weltpriester) spricht.

Bewunderung für die Flamen

Die Bewunderung für die Flamen begegnet uns auf Schritt und Tritt: „Hierauf kam der König nach Valladolid; bei sich hatte er einen flämischen Rechtsgelehrten als Großkanzler [Jean de Sauvage: † 7. Juni 1518], ... dessen Amt es war, das Oberhaupt und der Vorsitzende aller Räte zu sein. Er war ein ganz vortrefflicher und überaus kluger Mann, der sich sehr gut für Verhandlungen eignete und große persönliche Autorität genoss, so dass er einem römischen Senator glich, wie wir uns einen solchen vorstellen; und wie ich stets gehört habe, war er auch ein äußerst rechtschaffener Mann. Diesem übertrug der König die ganze Rechtspflege und Regierung Kastiliens und Westindiens, und es war nicht notwendig, mit dem König oder mit einer anderen Person über irgendetwas zu verhandeln, vielmehr musste man das nur mit dem Großkanzler tun" (WA 2: 274).

Anschließend erzählt uns Las Casas, wie alle Geschäfte ruhten, weil die flämischen Berater als Fremde sich zunächst sachkundig machen mussten, viele Berichte hörten und aus Angst, sich zu irren, sehr behutsam vorgingen, was besonders für die Angelegenheiten Westindiens galt. Lediglich Las Casas schienen sie in dieser Sache Gehör zu schenken. Das Vertrauen der Flamen in Las Casas ging so weit, dass der König dem Großkanzler gebot, er solle mit ihm zusammenarbeiten, „und beide sollten gemeinsam dieses Westindien reformieren und Abhilfe für dessen Übel und Schäden schaffen" (WA 2: 275). Wie ein „Überseeminister" kam er mit dem Großkanzler zusammen, wann und wo dieser auch immer konnte. Las Casas hatte dabei folgende Gewohnheit, die dem Großkanzler sehr gefiel: „Er [Las Casas] gab den ganzen Hauptinhalt dessen wortgetreu auf lateinisch wieder, was das Gesuch in einem Brief besagte oder mitteilte oder welche Beschwerden man vorbrachte; und hierauf trug er ebenfalls auf lateinisch seine Meinung gegen oder für die entsprechenden Gesuche oder Bitten vor". Las Casas fügt selbstbewusst hinzu: „Auf diese Weise klärte er [Las Casas] den Großkanzler über zahlreiche Dinge auf, die sie von ihm erbaten oder über die sie ihm falsche Angaben machten, und er öffnete ihm die Augen über viele diese Weltgegenden betreffenden Angelegenheiten" (WA 2: 276).

Afrikanische Sklaven als Alternative

In seinen Denkschriften vom Frühjahr 1518 schlug Las Casas vor, „man solle den dort lebenden Spaniern die Gnade bewilligen und ihnen erlauben, etwas mehr oder weniger als ein Dutzend Negersklaven aus Spanien herzubringen, denn mit ihnen würden sie ihren Unterhalt im Land finden und die Indios freilassen" (WA 2: 277f). Las Casas dachte dabei an die Sklaven, die sich infolge der „gerechten Kriege" gegen die Muslime in Afrika bereits in Spanien, vor allem in Andalusien befanden.

Der Vorschlag gefiel allen Flamen am Hof, einschließlich des Großkanzlers und des Kardinals Adrian von Utrecht, der eine große Sympathie für Las Casas empfand. Las Casas erzählt weiter, man habe ihn gefragt, welche die richtige Zahl schwarzer Sklaven sei, die man seiner Meinung nach auf diese Inseln bringen solle. Da er antwortete, das wisse er nicht, befragte man die Beamten des Seeamtes in Sevilla, die gegenwärtig 4000 afrikanische Sklaven für ausreichend hielten. Aus dem Vorschlag des Las Casas wurde also sehr schnell etwas anderes.

Um 1560 vermerkt er hierzu kritisch: „Sobald diese Antwort eintraf, fehlte es nicht an einem Spanier, der, um sich in Gunst zu setzen, dem Gouverneur von Bresse – der ein flämischer und sehr vornehmer Ritter war, den der König mitgebracht hatte und der seinem Rat angehörte – den Hinweis gab, dass er die Lizenzen für den Sklaventransport als Gnade erbitten solle. Er erbat sie, und der König erteilte sie ihm sogleich; und gleich danach kauften einige Genuesen sie ihm für 25000 Dukaten ab, und das unter der Bedingung, dass der König innerhalb der nächsten acht Jahre überhaupt keine neue Lizenz erteilen werde". Der Gouverneur von Bresse war Laurent de Gorrevod (oder Gouvenot); mit „Genuesen" sind die Centurione-Brüder (Melchior, Kaspar, Martin, Esteban und Luis) gemeint, in Sevilla ansässige Bankiers, die mit afrikanischen Sklaven handelten. Nikolaus Grimaldi und Augustin

Vibaldi waren ihre Geschäftspartner. Gorrevod erbat die Lizenz um den 18. August 1518.

Die Genuesen erkauften sie bereits im September desselben Jahres. Las Casas berichtet, er habe sofort dem König gesagt, dass der Verkauf der Lizenzen für den Sklaventransport weder für die Indios noch für die königliche Finanzkammer zweckmäßig sei: „Doch da der König damals wenig Geld hatte und man ihm in jener Zeit auch nicht alles klar begreiflich machen konnte, nützte das nichts". Las Casas fügt hinzu: „Diese Gnadenbewilligung wirkte sich sehr nachteilig auf das Wohl der Leute aus, die als Siedler auf diesen Inseln lebten, denn jener Rat, den der Kleriker bezüglich der Neger gegeben hatte, sollte dem gemeinsamen Wohl der Spanier dienen, weil sie alle arm waren und es angebracht schien, dass man ihnen so etwas als Gnade und umsonst gab. Da aber die Genuesen ihnen die Lizenzen und die Neger für viele Castellanos oder Dukaten verkauften (wie man annahm, verdienten sie daran über 280 000 oder sogar 300 000 Dukaten), wurde ihnen jener ganze Betrag abgepresst, und für die Indios ergab sich daraus keinerlei Nutzen, wo man es doch für ihr Wohl und ihre Freiheit angeordnet hatte, denn schließlich blieben sie in der Knechtschaft, bis keiner mehr übrig war [gemeint sind die Indios der Karibik], den man töten konnte" (WA 2: 278f). Karl bestimmte das Geld, das er für die Lizenzen und Abgaben aus dem Handel mit afrikanischen Sklaven bekam, für den Bau des Stadtschlosses in Madrid und in Toledo: „Und beide wurden mit jenem Geld gebaut," – betont Las Casas (WA 2: 282).

Das Gutachten der acht Hofprediger

Im Sommer 1519 trug sich in Molins de Rey auch folgende Episode zu: Las Casas konnte die acht Hofprediger dazu bewegen, ein Gutachten gegen die Encomienda zu schreiben. Die Encomienda (von lat. „commendare", anvertrauen, übergeben) ist eine Institution des spanischen Kolonialsystems, die mit Ordenskommenden in Europa nur den Namen gemeinsam hat. Sie wurde 1504 auf Española eingeführt, um die Eingeborenen unter Obhut eines Spaniers zur christlichen Glaubenslehre und Lebensweise heranzuführen, entartete aber von Anfang an zur sklavereiähnlichen Leibeigenschaft und Zwangsarbeit.

Die Prediger trugen dieses Gutachten, in dem die Encomienda als eine Einrichtung wider jede Vernunft und menschliche Klugheit gegeißelt wird, dem Kronrat mündlich vor, geradezu wie eine prophetische Strafpredigt. Der Präsident des Kronrates und Anführer der „Fernandisten", Bischof Juan Rodríguez de Fonseca, stellte die Hofprediger daraufhin zur Rede: „Groß sind eure Anmaßung und Dreistigkeit, dass ihr herkommt und den Rat des Königs eines Besseren belehren wollt; dahinter muss Las Casas stecken. Was gehen euch, die Prediger des Königs, die Regierungsgeschäfte an, die der König durch seine Kronräte erledigt? Nicht dafür gibt euch der König zu essen, sondern dafür, dass ihr ihm das Evangelium predigt."

Einer der Hofprediger soll freimütig versetzt haben: „Herr, dahinter steckt nicht Casas [Häuser], sondern das Haus Gottes [la casa de Dios], dessen Amt wir verrichten, und wir sind verpflichtet und bereit, unser Leben einzusetzen, um Ihn zu verteidigen und zu bejahen. Halten Euer Gnaden es für eine Anmaßung, dass acht Magister der Theologie, die ein ganzes allgemeines Konzil in Glaubensangelegenheiten darstellen und bei der Leitung der universalen Kirche ermahnen können, herkommen, um einen königlichen Rat zu ermahnen? Wir können herkommen und die Räte des Königs mahnend darauf hinweisen, was sie Böses tun, weil dies ebenso und noch weitaus mehr unseres Amtes ist, als es für das Amt eines Mitglieds des Kronrats zutrifft, und darum kommen wir her, meine Herren, um Euch zu ermahnen und aufzufordern, dass Ihr die großen Fehler und Ungerechtigkeiten abstellt, die man in Westindien begeht und die dazu führen, dass so viele Seelen vernichtet werden und dass man sich so sehr an Gott versündigt; und wenn Ihr diese Fehler nicht abstellen solltet, meine Herren, so werden wir gegen Euch predigen und Euch wie Leute behandeln, die Gottes Gesetze nicht halten und auch nicht das ausführen, was im Dienst des Königs angebracht ist; und so etwas heißt, meine Herren, das Evangelium zu erfüllen und zu predigen" (WA 2: 296).

Nachdem der Wortwechsel viele Tage gedauert und auch Las Casas dabei den Kronrat angegriffen hatte, entschied der König im Einverständnis mit dem Großkanzler und seinen flämischen Ratsmitgliedern, Las Casas selbst möge ihm diejenigen Persönlichkeiten aus dem Hof nennen, die gleichsam Richter zwischen ihm und dem Kronrat sein könnten – wieder ein Beweis dafür, wie sehr Las Casas das Vertrauen Karls und der Flamen genoss.

Die Kontroverse mit Bischof Cabedo

In dieser Zeit am Hof fand auch eine Kontroverse mit dem Franziskaner Juan Cabedo (Quevedo), dem ersten Bischof von Tierra Firme (Santa María del Darién, Panamá) statt. Las Casas berichtet erneut davon mit quijotischem Pathos. Die Kleindisputation vor Karl über die Natur der Indios (Sklaven oder Freie von Natur?) im Herbst 1519 in Molins de Rey scheint die große Kontroverse von Valladolid (1550–1551) mit dem Humanisten Juan Ginés de Sepúlveda vorwegzunehmen. Die Begegnung endete mit einer versöhnlichen Annäherung des frommen Bischofs, der zuerst die aristotelische Theorie der

„Sklaven von Natur" auf die Indios anwenden wollte, an die Standpunkte des Las Casas, der die Geltung dieser Theorie für die Indios leidenschaftlich bestritt. Anders, als die berühmte Disputation mit Sepúlveda fand diese wirklich vor Karl statt. Las Casas berichtet mit allerlei Details über das burgundische Hofzeremoniell, das bei ihm einen starken Eindruck hinterlassen haben muss. Er beschreibt die Sitzweise im Audienzsaal: wie der König auf einem Podest sitzt, wie die flämischen Ritter links und rechts vom Podest im Saal sitzen, wie der Großkanzler huldvoll auf dem Podest in die Knie geht, bevor er Karl etwas zuflüstert, und wie Karl schließlich den Disputanten das Wort erteilt, ohne sich direkt an sie zu wenden, sondern nur mittels seines Großkanzlers: „Hochwürdiger Bischof, Seine Majestät gebietet, dass Ihr das Wort ergreift, wenn Ihr in Sachen Westindien etwas zu sagen habt" oder „Messire Bartolomé, Seine Majestät gebietet, dass Ihr das Wort ergreift" (WA 2: 148–151).

Ein Vorschlag zur friedlichen Evangelisierung

Nachdem Las Casas am Hof Karls allmählich eingesehen hat, dass nur etwas zu erreichen ist, wenn man den „Finanzzwängen" Rechnung trägt, versucht er nun, der Krone sein eigenes „Kolonisierungs- und Evangelisierungsprojekt" auch in finanzieller Hinsicht schmackhaft zu machen. In einem Kronvertrag, den Karl am 19. Mai 1520 in La Coruña eigenhändig unterzeichnete, wurde Las Casas erlaubt, gemeinsam mit einigen spanischen Bauern die Perlenküste Venezuelas, über 1000 Meilen Land, friedlich zu evangelisieren. Las Casas ließ sich Gnadenbewilligungen für die ihn begleitenden Bauern zusichern und versprach seinerseits, mit Hilfe der Indios so und so viele Tausend von Dukaten jährlich an die Krone zu liefern.

Als ein frommes Mitglied des Kronrates davon erfuhr, hieß es
hinter vorgehaltener Hand, eine solche Art, bei der Predigt
des Evangeliums zu verfahren, habe sein Ärgernis erregt, weil
Pater Las Casas damit zeitlichen Nutzen anstrebe, was man
von ihm bisher nicht vermutet hätte. Als Las Casas das hörte,
erwiderte er mit einer vielsagenden Parabel:

„Herr, wenn Ihr sähet, dass unser Herr Jesus Christus
misshandelt würde, indem man Hand an ihn legte und ihn
mit vielen Schmähungen quälte und beleidigte, würdet Ihr
dann nicht sehr inständig und mit all Euren Kräften darum
bitten, dass man ihn Euch übergäbe, damit Ihr ihn anbeten,
ihm dienen, ihn pflegen und mit ihm alles tun könnt, was
Ihr als wahrer Christ tun müsstet?' Er antwortete: ‚Ja, gewiss.' ‚Und wenn man ihn Euch nicht unentgeltlich übergeben, sondern verkaufen wollte, würdet Ihr ihn dann nicht
kaufen?' ‚Ohne jeden Zweifel würde ich', sagte er, ‚ihn sicher
kaufen'. Hierauf setzte der Kleriker hinzu: ‚Nun, Herr, so habe
ich gehandelt. Denn in Westindien lasse ich Jesus Christus,
unseren Gott, zurück, während man ihn nicht einmal, sondern tausendfach geißelt, quält, ohrfeigt und kreuzigt, und
im Namen der Spanier, die jene Menschen zugrunde richten
und vernichten, geschieht das so oft, wie es ihnen möglich
ist, und sie nehmen ihnen die Gelegenheit zu Bekehrung und
Buße, indem sie ihnen vorzeitig das Leben nehmen, und so
sterben sie ohne Glauben und ohne Sakramente. Sehr oft
habe ich den Rat des Königs gebeten und angefleht, dass er
Rettung für jene Menschen schafft und sie von den Fesseln
befreit, die ihr Heil verhindern und die darin bestehen, dass
die Spanier diejenigen in Knechtschaft halten, die sie bereits
als Encomienda besitzen; und was diejenigen betrifft, die sich
noch nicht in Knechtschaft befinden, soll man nicht gestat-
ten, dass Spanier einen bestimmten Teil des Festlandes auf-

suchen, wo die Ordensgeistlichen, die Knechte Gottes, mit der Predigt des Evangeliums begonnen haben, und die Spanier, die in jene Länder gehen, behindern sie mit ihren Gewalttaten und schlechten Beispielen und verlästern den Namen Christi. Sie haben mir geantwortet, dass so etwas nicht statthaft sei, weil es bedeuten würde, dass die Ordensbrüder das Land besetzt hielten, ohne dass der König von ihm Einkünfte bezöge. Sobald ich erkannte, dass sie mir das Evangelium und folglich auch Christus verkaufen wollten und dass sie ihn geißelten, ohrfeigten und kreuzigten, habe ich beschlossen, ihn zu kaufen, und dem König viele Güter, Einkünfte und zeitliche Schätze angeboten, in der Art, wie Euer Gnaden es wohl gehört haben." Las Casas fügt hinzu: „Hiermit waren jener Herr und alle, die es erfuhren, sehr zufrieden; und fortan schätzten sie den Kleriker höher als bisher und lobten seine Geschicklichkeit und seinen Eifer" (WA 2: 291f).

Karl, damals gerade 20 Jahre alt, stach als gewählter Kaiser am 25. Mai 1520 in La Coruña in See mit Richtung Flandern. Er schickte sich an, sein Projekt der „Universalmonarchie" zu verwirklichen. Schon gleich nach der Kaiserwahl 1519 sagte ihm sein Großkanzler Mercurino Gattinara: „Sire, da Euch Gott diese ungeheure Gnade verliehen hat, Euch über alle Könige und Fürsten der Christenheit zu erhöhen zu einer Macht, die bisher nur Euer Vorgänger Karl der Große besessen hat, so seid Ihr auf dem Wege zur Weltmonarchie, zur Sammlung der Christenheit unter einem Hirten" (Brandi, 37). An diesem Traum der Universalmonarchie wird er zeitlebens festhalten. Der Einigung der Christenheit unter einem Hirten (Herrscher) und die Bekämpfung ihrer inneren und äußeren Feinde wird von nun an Karls Lebensaufgabe. Spanien – die amerikanischen Besitzungen eingeschlossen – kam dabei die Rolle einer „Schatzkammer" zu. Der 36jährige Las Casas wird

Karl V. im Alter von 16 Jahren von Bernard van Orley
(1516)

hingegen am 14. Dezember 1520 von Sanlúcar de Barrameda
aus in die Neue Welt zurücksegeln, die er liebgewonnen hat
und deren Evangelisierung er, wie die oben genannte Partei
der „Bettelbrüder", für die wichtigste heilsgeschichtliche Aufgabe des 16. Jahrhunderts hält. An dieser unterschiedlichen
Wahrnehmung der jeweiligen Hauptaufgabe ihrer Zeit wird
sich nichts mehr ändern. Darin liegt der fundamentale Dis-
sens zwischen Las Casas und Karl V.

Zwiespältiges Fazit

Das Fazit, das Las Casas selber um 1560 über diese erste Phase am Hof Karls zieht, ist zwiespältig. Einerseits freut er sich

darüber, dass sein Ansehen beim Großkanzler und den anderen flämischen Rittern täglich wuchs: „Und diese berichteten alles dem König, und der König war ‚Messire' Bartolomé sehr zugetan". Karl ernannte ihn auch zum Hofkaplan. Andererseits hält er mit Wehmut fest: „Wenn der König, der schon zum Kaiser gewählt worden war, nicht solche Eile gehabt hätte, aus Spanien abzureisen und seine die Kaiserherrschaft betreffenden Vorhaben fortzusetzen, so wäre Westindien gewiss glücklich geworden und der Kleriker hätte mehr als irgendein anderer tatkräftige Unterstützung gefunden" (WA 2: 318). Gegenüber Karl wird Las Casas stets das „positive Vorurteil" hegen, dass in Amerika alles nach Recht und Gesetz verlaufen wäre, wenn seine Aufmerksamkeit nicht von den Kriegen gegen Frankreich oder der Protestanten- und Türkengefahr fokussiert worden wäre.

Wenn man Las Casas in dieser ersten Phase als „Überseeminister" am Hof des jungen Karl etwas vorwerfen kann, dann vielleicht dies: dass er nicht gleich durchschaute, dass die flämischen Berater Karls überaus bereitwillig auf seine Vorschläge eingingen, weil sie darin eine willkommene Gelegenheit sahen, die Fernandisten zu entmachten, wie es in der Tat geschah – unabhängig davon, dass die Entmachtung der korrupten Fernandisten nötig war. In der Frage der afrikanischen Sklaven übersieht er darüber hinaus, dass die flämischen Ritter, die er in höchsten Tönen lobt, in der Vergabe der Einfuhrlizenzen eine einträgliche Einnahmequelle sahen, dass sie also eher die „Finanzen" (die eigenen mehr als die des Reiches) als die Humanität im Blick hatten. Dass er von den flämischen Rittern vielleicht benutzt worden sei, hat Las Casas nachträglich nie überlegt. Im Gegenteil: Nach dem Scheitern seines friedlichen Evangelisierungs- und Kolonisierungsprojektes 1522 tritt er in Santo Domingo auf Rat des

Domingo de Betanzos in den Predigerorden ein; und als ihm Jahre später einige Briefe von Kardinal Adrian und flämischen Rittern ausgehändigt werden, die der Klostervorsteher ihm vorenthalten hatte, damit er sich keine Sorgen mache und sich ganz auf das Ordensleben konzentriere, fühlt er sich vom Angebot, an den Hof zurückzukehren, wo er „ebensolche Gunst" genießen werde, „wie man sie ihm beim vorigen Mal gewährt habe" (WA 2: 322), sehr geschmeichelt und in seinem Lob der flämischen Ritter bestätigt.

Seinen Fehltritt hinsichtlich der afrikanischen Sklaven hat Las Casas hingegen später erkannt und zutiefst bereut. Um 1560 schreibt er dazu: „Diesen Rat, dass man eine Lizenz erteilen sollte, Negersklaven in diese Länder zu bringen, gab anfangs der Kleriker Casas, wobei er nicht beachtete, wie ungerecht es ist, dass die Portugiesen sie einfangen und versklaven; nachdem er das eingesehen hatte, hätte er diesen Rat für alles in der Welt nicht mehr gegeben, weil er fortan glaubte, dass sie auf ungerechte und tyrannische Weise versklavt wurden; denn für sie gilt dasselbe Recht wie für die Indios" (WA 2: 278). Nachdem er – ab 1547 (s. Anhang) – eingesehen hat, „dass die Knechtschaft der Neger ebenso ungerecht wie die der Indios ist," ist er sich nicht sicher, „ob ihn seine damalige Unkenntnis und sein guter Wille vor dem göttlichen Gericht entschuldigen könnten" (WA 2: 281). Um seine frühere Nachlässigkeit zu kompensieren, hat er dann 1560 einen kurzen Bericht über die „Zerstörung Westafrikas" durch die Portugiesen geschrieben (OC 3: 459–493), der seinem bekannten Bericht über die „Zerstörung Westindiens" durch die Spanier in nichts nachsteht. Als erster Europäer des 16. Jahrhunderts hat er damit den Handel mit afrikanischen Sklaven und die Kriege zum Sklavenfang schonungslos kritisiert.

Las Casas im Habit der Dominikaner. Gemälde für das Werk „Retratos de españoles ilustres" (Madrid 1791), das einem Stich von José López Enguidanos (1760–1812) folgt.

„Wenn Gott uns mit Geld aus Peru besucht..."

Nach der Kaiserwahl und der Niederschlagung des Aufstandes
der Comunidades in Kastilien und Aragón 1520–1521 gründet
Karl 1523–1524 im Rahmen einer Reorganisation der Zentral-
behörden einen eigenen Kronrat als vom kastilischen Kronrat unabhängiges Verwaltungsorgan für die amerikanischen
Reiche (das Aztekenreich war gerade von Cortés unterworfen
worden, womit sich die spanischen Besitzungen in der Neuen
Welt enorm vergrößerten), den *Consejo Real y Supremo de
las Indias*. Die Gründung des neuen Kronrates besiegelt die
Entmachtung der Fernandisten. Der Kronrat soll in allen die
Überseegebiete betreffenden Angelegenheiten die oberste ad-
ministrative, richterliche, militärische und fiskalische Gewalt
ausüben, er soll nach kollegialen Prinzipien arbeiten und die
Krone in allen Regierungsangelegenheiten beraten, aber auch
– vor allem im Bereich der Rechtsprechung – eigenständig
handeln. Er besteht aus einer schwankenden Zahl von Mitgliedern (bis 13), zumeist Juristen, und wird in den ersten
Dekaden von einem Bischof präsidiert.

Für Karl ist damit die Sache Westindien, der Nebenschau-
platz der Geschichte, „in guten Händen", und er kann sich
vorrangig seinem Traum von der Universalmonarchie widmen. Gegenüber den anderen christlichen Königen, vor allem
gegenüber Frankreich, verfolgt er dabei eine kaiserliche He-
gemonialpolitik wie kaum einer seiner Vorgänger. Da Franz
I., der bei der Kaiserwahl unterlag, nicht bereit war, Karls He-
gemonialstreben anzuerkennen, kommt es bekanntlich zwischen 1525 und 1544 zu vier Kriegen zwischen Frankreich
und Spanien, die allesamt zugunsten Karls ausgehen. Dazu
kommt die Bekämpfung der Protestanten- und Türkengefahr.
All dies muss finanziert werden. Die vielen Dukaten, die Karl

Las Casas streckt Hernán Cortés, dem Eroberer Mexikos, das Kreuz entgegen, um ihn aufzuhalten, während die Indios bei ihm Zuflucht finden: Detail aus einem Fresko Diego Riveras im Nationalpalast Mexikos (WA 3/2: 64).

nach dem ruhmreichen Sieg bei Pavia 1525 als Lösegeld für Franz I. und seine Kinder bekommen hat, die Einkünfte aus dem Verkauf der Lizenzen für den Handel mit afrikanischen Sklaven und aus der Verpachtung Venezuelas an die Welser sind bis Mitte der dreißiger Jahre verbraucht. Was tun?

In dieser Zeit schreibt Karl wiederholt an seine Gemahlin Isabella von Portugal, Kaiserin und spanische Regentin, sie möge mit den Kronräten darüber beraten, wie man Geld beschaffen könne, denn der nächste Kriegszug stehe an. Die kastilischen und aragonesischen Cortes (Generalstände) verweigern jedoch mehrmals die Unterstützung. Sie verwiesen darauf, man habe die Grenze der Belastbarkeit erreicht und die Einnahmen der kastilischen und aragonesischen Krone seien nicht dazu da, Kriege außerhalb Spaniens, die dessen Interessen nicht unmittelbar betreffen, zu finanzieren. Es war ein Argument, das zum Kern des Aufstandes der Comunidades gehörte und das, weil im spanischen Recht des Mittelalters begründet, auch die Niederschlagung des Aufstandes überleben konnte. Die Türken und ihr Vasallenreich in Tunesien seien eher für Italien, Venedig, Mitteleuropa und Frankreich eine Gefahr als für Spanien, die Lutheraner seien eine bloß germanische Angelegenheit usw. Es ist ein eigenartiges Schauspiel, wie der mächtige Herrscher seiner Zeit nicht nur bei Bankiers aus Augsburg oder Genua immer wieder Wechsel unterschreiben muss und sich und sein Reich, d.h. letztlich die kastilische Krone, tiefer und tiefer verschuldet, sondern auch die Hilfe vermögender Untertanen, wie des Erzbischofs von Toledo, dankbar annehmen muss. In dieser Situation scheint die Rettung nur aus dem 1533 eroberten Peru mit dem sagenhaften Inkagold zu kommen.

1534 verweilten einige Gefolgsleute von Francisco Pizarro in Spanien. Mit einem Teil des Lösegeldes, das sie für Atahualpa erhalten hatten, waren sie sozusagen auf Goodwill-Tour. Sie hatten das Inka-Reich zwar aus eigenem Antrieb ohne königlichen Auftrag erobert und den Inkaherrscher hinterlistig ermordet, aber Geld stinkt bekanntlich nicht, und mit Inkagold wird man das nachträglich schon richten können – so Pizarros Kalkül. Seine Emissäre waren auch in Salamanca, um sich von den angesehenen Theologen und Juristen den Persilschein des „gerechten Krieges" nachträglich ausstellen zu lassen.

Am 8. November 1534 schrieb der berühmte Theologe Francisco de Vitoria, der natürlich auch durch die Dominikaner in Pizarros Gefolge über dessen ruchlosen Handstreich Informationen aus erster Hand hatte, an seinen Mitbruder Miguel Arcos: „Ich versuche, solchen Menschen aus dem Weg zu gehen. ... Ich schreie zwar nicht und inszeniere keine Tragödie gegen sie ...; da ich aber nicht mehr so tun kann, als ob ich nichts davon wüsste, sage ich ihnen nur, dass ich davon nichts verstehe und die Berechtigung und Gerechtigkeit der Sache nicht sicher sehe; daher sollen sie andere fragen, die mehr davon verstehen. ... Wenn ich das vakante Erzbistum von Toledo sehnlichst anstrebte, man es mir aber nur unter der Bedingung gewährte, ich sollte die Unschuld dieser peruanischen Soldateska unterschreiben oder behaupten, so würde ich es ganz sicher nicht tun: eher soll mir die Zunge am Gaumen kleben und die Hand verdorren, als dass ich eine so unmenschliche und unchristliche Sache sage oder schreibe. Sie sollen sehen, wie sie damit fertig werden, und uns in Ruhe lassen" (Vitoria: Relectio, 139).

Allerdings hatte Karl selbst in dieser Sache nicht so viele Skrupel. Das Geld aus Peru kommt ihm angesichts der erwähnten Finanznot und inmitten der Vorbereitung eines Kriegszugs gegen Frankreich, das sich mit den Osmanen verbündet hatte, gut gelegen. Am 1. Februar 1536 schreibt er an die Kaiserin, er habe gehört, dass Gold aus Peru in Sevilla eingetroffen sei (der Krone stand immer ein Fünftel der Kriegsbeute zu), sie möge veranlassen, alles in Silber- und Goldmünzen zu gießen und wirklich alles mit den nötigen Sicherheitsvorkehrungen nach Barcelona bringen zu lassen, damit es von dort aus mit den Galeeren nach Genua gebracht werde (Fernández Alvarez 1: 459). Wenig später, am 18. Februar, schreibt er, da er wisse, wie schwierig es sei, Geld aus den Königreichen von Aragón und Valencia herauszuführen (hier hatte das Gedankengut der Comunidades die radikalsten Wurzeln), möge man das Geld aus Peru lieber zum Hafen von Cartagena (der zur Krone Kastiliens gehörte) bringen, wo die Galeeren warten werden (Fernández Alvarez 1: 470).

Und in einem weiteren Brief vom 20. Februar an die Kaiserin schreibt er gar: „Treiben Sie Geld überall auf, *und wenn Gott uns mit Geld aus Peru besucht, auch wenn es von Privat-*

personen sei, greifen wir zu. Senden Sie mir die Galeeren mit
den Menschen und dem gesicherten Geld so bald wie möglich"
(Fernández Alvarez 1: 474). Aus der Korrespondenz Karls der
dreißiger, aber auch der vierziger und fünfziger Jahre könnte
man eine Fülle von Zeugnissen dieser Art zusammenstellen.
Die europäischen Gläubiger, bei denen er trotz seiner Macht
hochverschuldet ist und die ihm dies immer wieder zu spüren geben, müssen stets warten, bis Gott ihn mit einer neuen
Ladung Gold (und Silber) aus Peru oder Westindien besucht.
Und da Frankreichs König – der die von Papst Alexander VI.
im Jahr 1493 vorgenommene Aufteilung der neuentdeckten
und zu entdeckenden Welt zwischen Kastilien und Portugal nie
anerkannt hatte und Proteste des spanischen Gesandten wegen
des „unerlaubten" Auftauchens von Franzosen in Amerika mit
der Bemerkung quittierte, „man möge ihm doch das Testament
des Urvaters Adam zeigen, in dem dieser die Könige von Kastilien und Portugal zu Universalerben eingesetzt habe" (Reinhard 2: 47) – auch mit Geld aus Peru von Gott besucht werden
möchte, muss Karl in seinen Briefen, besonders ab 1550, immer wieder Anweisungen zum Bau von Galeonen geben, die
die Goldschiffe vor französischen Überfällen schützen sollen.

Und Las Casas? Er ist unterdessen in der Neuen Welt. Nach
seinem Ordenseintritt 1522 hat er sich vorrangig dem Studium und der Seelsorge gewidmet, ohne seine „Lebensaufgabe"
zu vernachlässigen: Mit Hilfe der Klosterbibliothek von Santo
Domingo hat er ab 1526 einen Traktat geschrieben, in dem
er die einleuchtende These vertritt, dass es seit den Anfängen
der Kirche nur eine einzige mit dem Christentum als Religion der Freiheit kompatible Missionsmethode gegeben hat: die
Überzeugung des Verstandes mit Argumenten und die sanfte
Anlockung und Ermahnung des Willens mit dem eigenen Le-
bensbeispiel.

Aber erst am 20. Januar 1531 meldet er sich in den westindischen Angelegenheiten öffentlich zurück, und zwar mit
einem prophetischen Brief, Frucht seiner reifen mystischen
Erfahrung in den langen Jahren des Studiums und der Kontemplation. Darin liest er dem neuen Kronrat die Leviten: Ob
die Kronräte und Seine Majestät wüssten, dass Gott Ihnen die
Verantwortung für die wichtigste heilsgeschichtliche Aufgabe ihrer Zeit anvertraut hätte, nämlich die Bewahrung, gute
Regierung und Evangelisierung der neu entdeckten Völker,
und ob sie wirklich wüssten, dass Gott von Ihnen eines Tages
strenge Rechenschaft darüber abverlangen werde; er selber
würde mit einem solchen Mühlenstein um den Hals nicht gut
schlafen, denn das Heil des Königs und der Kronräte hänge
schließlich vom Heil der Indios ab: „Sie haben nämlich die
höchste und unentschuldbare Verpflichtung zum Wohl von
sehr zahlreichen und großen Gemeinwesen, von denen sie
nicht ein einziges Mitglied vergessen dürfen, da Gott – gerade
an das Kleinste und Vergessenste – eine ganz frische und sehr
lebendige Erinnerung hegt" (WA 3/1: 344).

Die Untaten Pizarros und seiner „heiligen Jünger", wie er
dessen Begleiter ironisch nennt, versetzten Las Casas in Aufruhr und ließen das Feuer wieder aufflammen, das ihn schon
zwischen seiner Bekehrung 1514 und dem Ordenseintritt 1522
antrieb. Anders als Vitoria, der seine Ruhe haben wollte, musste Las Casas sich einmischen und den rücksichtslosen Landsleuten in den Weg stellen. Unerschrocken wie er war, versuchte er im Frühjahr 1535 mit einigen Gefährten auf dem Seeweg
von Panamá aus nach Peru zu gelangen, um sich Pizarro entgegenzustemmen. Wegen der Windstille am Äquator musste
er aber umkehren und in Nicaragua an Land gehen. Von dort
schrieb er im Herbst einem ihm wohlgesonnenen Mitglied des
Kronrates: „Sagt mir, Ew. Gnaden, mein Herr: Ist denn in dem

erhabenen und hohen Rat untersucht worden, ob jener Tod des Atahualpa, dessen Beraubung um seine Herrschaft und seiner großen Schätze rechtens gewesen ist?" (WA 3/1: 362). 1536 ist Las Casas mit seinen Gefährten in Guatemala, um die aufrührerischen Stämme des sogenannten Kriegslandes mit seiner Missionsmethode der Überzeugung des Verstandes mit Argumenten und der sanften Ermahnung des Willens mit Lebensbeispielen zu befrieden, was ihm auch gelang. Das Kriegsgebiet wurde später auf Wunsch des Las Casas „Tierra de la Verapaz" (Land des wahren Friedens) genannt. Am Ende seines Lebens wird er schreiben, nur hier sei die spanische Herrschaft legitimerweise, ohne Zwang und Gewalt, erlangt worden (WA 3/1: 297).

Die „Neuen Gesetze"

1540 kam er schließlich wieder nach Spanien, um Missionare für sein friedliches Evangelisierungsprojekt zu rekrutieren und mit der Krone über Erleichterungsmaßnahmen für die Indios zu verhandeln. Einige rechtschaffene Mitglieder des Kronrates, bei dem unterdessen sehr viele Denkschriften von Bettelbrüdern aus Mexiko und Peru über die unmenschliche Behandlung der Indios eingegangen waren, bitten Las Casas, er möge in Spanien verweilen und Vorschläge zur Reform Westindiens unterbreiten. Nach der Ankunft Karls im Dezember 1541 entfaltet Las Casas – dem Kronrat und dem Hof von Residenzstadt zu Residenzstadt folgend – eine fieberhafte Aktivität. Erneut darf er wie ein „Überseeminister" agieren. Karl ist wieder empfänglich für das Wirken des Propheten.

In zahlreichen Denkschriften und Berichten geißelt Las Casas das unmenschliche Verhalten seiner Landsleute und schildert sehr anschaulich das Leiden der Indios, unterwirft Conquistas und Encomiendas einer unerbittlichen Rechtsprüfung, um daraus zu schließen, dass sie „unmöglich nicht tyrannisch, ungerecht und ruchlos" sein können. Er macht Vorschläge für einen Vergleich mit Konquistadoren und Encomenderos zwecks Rückgabe des geraubten Gutes an die indianischen Völker und Finanzierung der Evangelisierungskosten. Er spricht den indianischen Völkern das Recht auf einen „gerechten Krieg" gegen die Spanier zu und deutet freimütig an, dass der spanische König bisher kein rechtmäßiger Herr der Neuen Welt ist, was ihm den Verdacht der Majestätsbeleidigung einbringt. Auf Bitten der Kommission, die Karl mit der Redaktion der Neuen Gesetze (Leyes Nuevas) betraut hatte, macht Las Casas genaue Vorschläge für die Reform Westindiens.

Die Neuen Gesetze vom 20. November 1542 werden ihnen ziemlich genau folgen, so dass Las Casas als deren geistiger Vater gelten darf. Sie sind bezeichnet worden als „die bemerkenswerteste Gesetzgebung, die ein eroberndes Land jemals zugunsten der eroberten Völker verabschiedete" (Parish, 149). Die Neuen Gesetze betreffen die Neuordnung des Kronrates (Gesetze 1–9), die Neuordnung der Audiencias, Vizekönige und Statthalter (10–19), die Behandlung der Indios, d.h. unter anderem die Befreiung der schon versklavten Indios und das Verbot, neue Sklaven zu machen (20–25), die Neuordnung der Encomiendas mit dem Verbot ihrer Vererbung (26–33), die Art und Weise, wie Neuentdeckungen stattfinden sollen (34–38), die Neuordnung der Tributenfrage (39).

Am Anfang seiner Vorschläge für die Neuen Gesetze hält Las Casas an die Adresse Karls sein „Idearium", d.h. die grundlegende Überzeugung der Partei der Bettelbrüder fest, „dass dieses Unternehmen Westindiens die höchste und bedeutendste Verantwortung darstellt, die auf den Schultern S.M. liegt

oder sich gegenwärtig in der gesamten universalen Kirche zutragen mag", und „dass S.M. nach göttlicher Vorschrift dazu
verpflichtet ist, die besagte Glaubensverkündigung und das
Seelenheil so vieler Völker unter Hintanstellung all Ihrer weltlichen Interessen als oberstes Ziel zu betrachten" (WA 3/1:
371). Dazu wird es nicht kommen, denn Karl lagen seine „kaiserlichen" Aufgaben in Europa, die Bekämpfung der inneren
und äußeren Feinde der Christenheit und der Traum von der
Universalmonarchie am nächsten – das ist für ihn „Chefsache". Schon im Mai 1543 bricht er erneut nach Mitteleuropa
auf, wo er bis zu seiner Abdankung 1556 bleiben wird. Spanien und Amerika werden Regenten überlassen.

Aber Las Casas erreicht zumindest, dass im Jahre 1542 die
Reform Westindiens als eine wichtige Sache angesehen wird.
Nicht nur die Neuen Gesetze sind von ihm entscheidend geprägt, auch seine Personalvorschläge für die Ernennung von
Vizekönigen, Präsidenten der Audiencias und Bischöfen werden weitgehend befolgt. Auf seinen Vorschlag hin unterwirft
Karl den Kronrat 1542 einer Generalvisitation, der ersten
seit dessen Gründung 1524 (weitere werden 1569 und zwischen 1585 und 1590 stattfinden). In der Folge wurden korrupte Mitglieder durch neue ersetzt und ein neuer Präsident
ernannt, der sich als Richter an der Audiencia von Mexiko
bewährt hatte und den Las Casas in seiner Denkschrift als
rechtschaffen ausdrücklich lobt: Sebastián Ramírez de Fuenleal, zuerst Bischof von León und dann von Cuenca.

Der wichtigste Reformvorschlag des Las Casas und der Kern
der Neuen Gesetze ist das Verbot der Indiosklaverei und die
Neuordnung der Encomiendas mit dem Verbot ihrer Vererbung. Ohne diese Gesetze, so Las Casas, der die Encomienda
für die Wurzel aller Übel im spanischen Weltreich hielt, werden
die anderen Reformen nichts nützen: „S.M. möge kraft Seiner

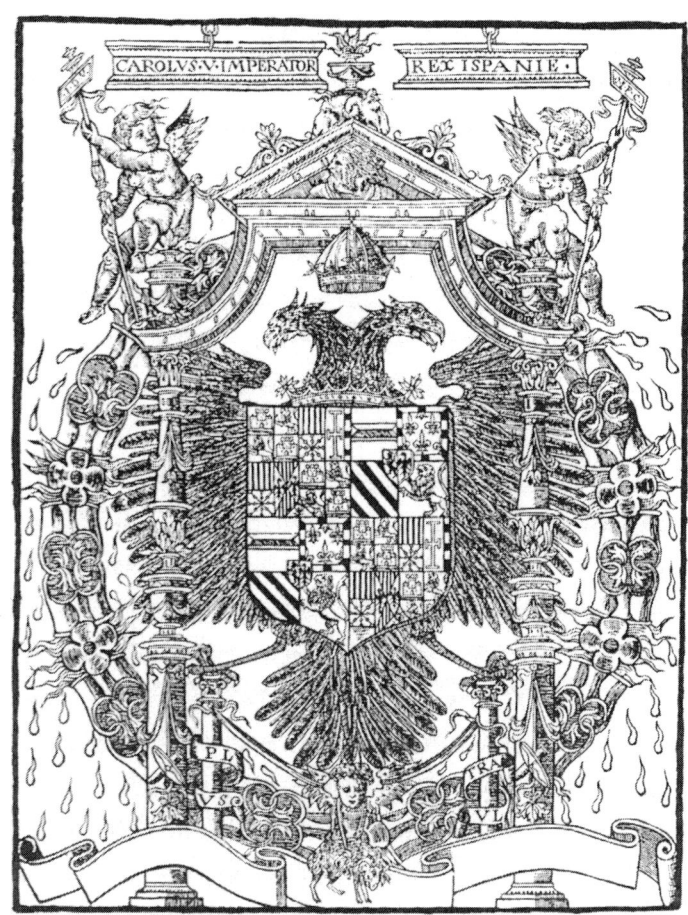

Die „Neuen Gesetze" (Leyes Nuevas) von Karl V. Titelblatt der Erstausgabe von 1543.

eigenen Machtvollkommenheit durch pragmatische Sanktio-
nen und königliche Gesetze in förmlichen Ständeversamm-
lungen anordnen, verfügen und einsetzen, dass alle Indios
Westindiens, sowohl die bereits unterworfenen als auch die
künftig noch zu unterwerfenden, als die freien Untertanen und
Vasallen, die sie sind, der Königlichen Krone von Kastilien und
León, dem direkten Schutz S.M. unterstellt, unterworfen und
angeschlossen werden sollen; und kein einziger soll den spanischen Christen als Encomienda übertragen bleiben; vielmehr
soll es unverletzliche Verfügung, Bestimmung und Gesetz des
Königs sein, dass die Indios weder jetzt noch künftig dem direkten Schutz besagter Königlicher Krone entzogen und ver-
äußert werden sollen, sie sollen niemandem als Vasallen oder
als Lehen oder Encomienda oder zur Verwahrung unter Vor-
behalt aller Rechte oder unter welchem Titel oder unter welcher Veräußerungsart auch immer übertragen oder dem Schutz
der besagten Königlichen Krone entzogen werden – gleich wie
viele Dienste jemand geleistet oder Verdienste er erworben haben mag, gleich welche Not eintritt, gleich welcher Grund oder
Vorwand angeführt oder vorgetäuscht wird" (WA 3/2: 83).
Als die Neuen Gesetze in Amerika umgesetzt werden sollen,
werden sie freilich rundweg als wirklichkeitsfremd abgelehnt:
von den Encomenderos, von den Verwaltungsbeamten der
Krone, aber auch von einigen Bettelbrüdern, zumeist Franziskanern und Augustinern, die unterdessen für die Encomende-
ro-Partei Verständnis entwickelt hatten, nicht zuletzt weil ihre
Klöster von der Zwangsarbeit der Indios mitprofitierten. Las
Casas selbst kann die Neuen Gesetze mangels Zusammenar-
beit der zuständigen Audiencia nicht einmal in seinem Bistum
Chiapa durchsetzen, wo er am Palmsonntag 1545 eintrifft. Am
Ende seines Lebens muss er gar feststellen, dass die Domi-
nikaner von Chiapa und Guatemala, die er selber rekrutiert

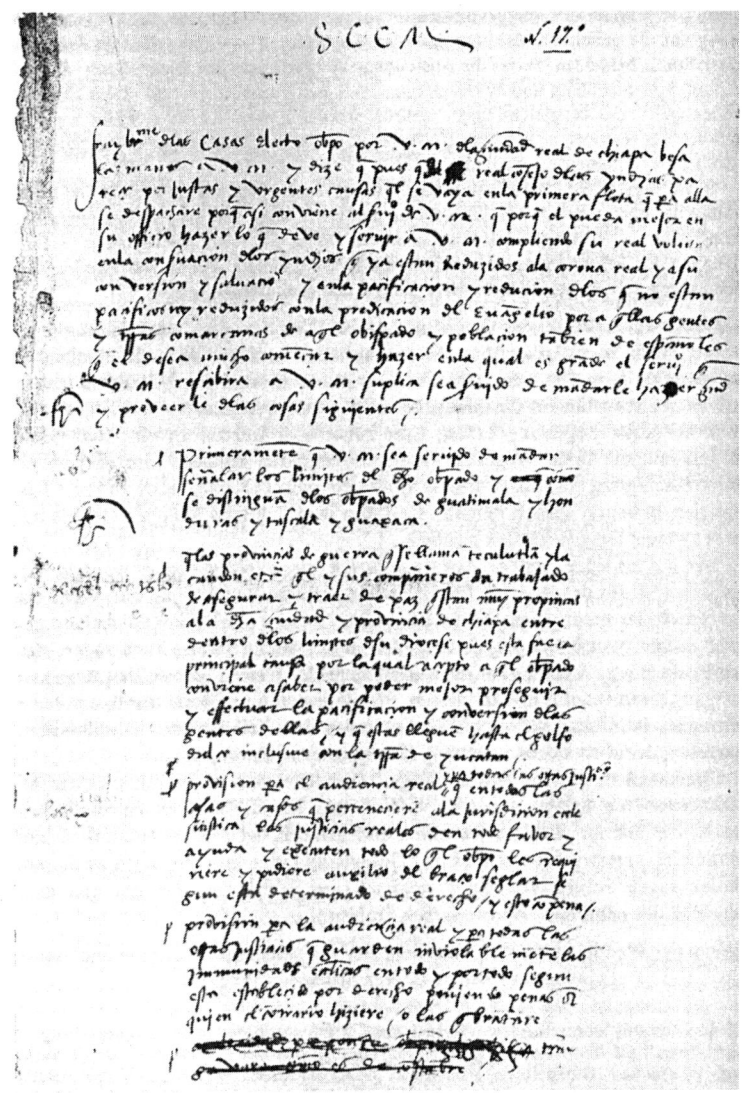

Anfang des Gesuches von Las Casas im Jahr 1543, um die Abreise in sein Bistum Chiapa vorzubereiten (WA 3/1: 274).

hatte, Verständnis für das Anliegen der Encomenderos zeigen. In Peru kommt es zu einer Empörung der Encomenderos, die 1546 den Vizekönig Blasco Núñez de Vela in offener Schlacht besiegen und töten. Karl musste also in der Folge fürchten, dass Gott ihn künftig nicht mehr mit Geld aus Peru besuchen würde. Angesichts seiner chronischen Finanznöte ein unvorstellbarer Gedanke!

Die Korrespondenz Karls mit seinem Sohn und Regenten Philipp in den vierziger Jahren ist von dieser Sorge durchzogen. Er lässt den klugen Juristen Pedro de la Gasca nach Peru entsenden, um Ruhe und Ordnung wiederherzustellen. Dieser vermag in der Tat eine Koalition der Königstreuen gegen die empörten Encomenderos zustande zu bringen, besiegt diese 1548, lässt den Anführer Gonzalo Pizarro enthaupten und sein Hab und Gut konfiszieren; Pizarros Mitläufern kommt er aber entgegen: Er bestätigt die alten Encomiendas und verleiht für 1 040 000 Goldpesos, die natürlich den Indios abgepresst werden mussten, 150 neue Encomiendas für einen Zeitraum von zwei Generationen. Am 22. Juli 1550 schreibt Karl an die Regenten Maximilian und Maria, er habe noch nicht gehört, dass die Armada, die das Geld aus Peru holen sollte, in See gestochen sei; die Sache sei aber so dringend, dass jede Verzögerung schädlich sei; wenn irgendein Problem die Verzögerung verursacht habe, was er nicht glauben könne, sollten sie unverzüglich anweisen, dass es gelöst werde.

Am 26. September kann Karl die Ankunft La Gascas mit einer Goldladung aus Peru gemeldet werden. Am 20. Oktober schreibt Karl an die Regenten, La Gasca solle mit dem Geld aus Peru nach Augsburg kommen und dabei zu See und zu Lande die nötigen Sicherheitsvorkehrungen treffen. Karl hatte das erhoffte Geld aus Peru nämlich schon für Wechsel in Flandern und Augsburg verpfändet.

Hocherfreut, weil Gott ihn erneut mit Geld aus Peru besucht hatte, überlegt Karl, die die Encomienda betreffenden
und wohl undurchführbaren Teile der Neuen Gesetze zurück-
zunehmen bzw. deren Vollzug zu suspendieren. Las Casas
verweist nun freimütig auf Ester 7 und 8. Darin kann man
lesen, dass Artaxerxes, der auf schlechte Ratgeber gehört und
beschlossen hatte, die Juden auszurotten, auf Rat der klugen
Ester letztlich die Juden per Erlass in die Freiheit entlässt.
In Ester 8,8 heißt es: „Jetzt aber sollt ihr im Namen des Königs einen schriftlichen Erlass zugunsten der Juden herausge-
ben ... Siegelt ihn mit dem königlichen Siegelring; denn ein
Schreiben, das im Namen des Königs verfasst und mit dem
königlichen Siegelring gesiegelt ist, kann nicht mehr rück-
gängig gemacht werden" (WA 3/1: 194). Die Parabel wirkte:
Weder Karl noch seine Nachfolger haben Teile der Neuen Gesetze formell zurückgenommen. Aber die Encomienda-Geset-
ze wurden de facto auch nicht durchgesetzt.
   Mitte der fünfziger Jahre verlangten die Encomenderos Perus das Recht auf zeitlich unbefristete Vererbung ihrer Encomiendas, die sie ja von La Gasca nur für zwei Generationen
erhalten hatten. Die Zeit war für ihre Sache günstig, denn
die Krone rüstete erneut gegen Frankreich und brauchte wieder Geld. Die Encomenderos schickten einen Lobbyisten nach
England und Brüssel, wo sich der Regent Philipp aufhielt. Mit
Briefen an seine Vertrauten am Hof (u.a. an Philipps Beichtva-
ter und späteren Erzbischof von Toledo, Bartolomé Carranza)
und an Philipp selbst versucht Las Casas erneut, das radikale
Ende der Encomiendas herbeizuführen. Dabei verspricht er der
Krone, die freien indianischen Herren würden ihr freiwillig
noch mehr Geld als die Encomenderos geben, wenn die Encomienda endlich abgeschafft werde. Er konnte sich in seinem
Kampf gegen die Encomienda nur z.T. durchsetzen: das Ver-

bot der Indiosklaverei und der zeitlich unbefristeten Vererbung der Encomiendas wurde bekräftigt, aber die bestehenden
Encomiendas wurden um weitere zwei Generationen verlän-
gert. Die Schlacht bei St. Quentin (10. August 1557) gegen das
aufstrebende Frankreich konnte vorbereitet werden.

Dass Karl V. aufgrund der von Francisco de Vitoria und
vor allem von Las Casas geäußerten Kritik am spanischen *ingressus* und *progressus* daran gedacht haben soll, sich aus
der Neuen Welt ganz zurückzuziehen, ist angesichts seiner
Abhängigkeit vom peruanischen Geld eher eine fromme Legende. Karl hat zwar nach der Kontroverse von Valladolid
1550–1551 für einige Jahre die Conquistas suspendiert, aber
danach ging es wie gewohnt weiter. Erst 1573, als es nach der
Unterwerfung der Philippinen und der Niederschlagung des
letzten inkaischen Widerstandes für Spanien praktisch nichts
mehr zu erobern gab (nur wenige Länder wie China und Japan
waren stark genug, sich den kolonialen Bestrebungen zu wi-
dersetzen), wird Philipp II. verfügen, man möge künftig nicht
mehr von Conquistas, sondern von Pacificación (Befriedung)
innerhalb der Reichsgrenzen sprechen. Diese Aufgabe wurde
vor allem den Missionaren übertragen.

Las Casas' radikale Alternative

Zwischen seiner endgültigen Rückkehr aus der Neuen Welt
1547 und seinem Tod 1566 wird sich Las Casas mit zwei Fragen intensiv beschäftigen: mit der Frage nach der legitimen
Form des spanischen *ingressus* und *progressus* und der nach
der wirtschaftlichen Gerechtigkeit zwischen den indianischen
Völkern und der kastilischen Krone. In dieser Zeit argumentiert
er vor allem juristisch, d.h. er eröffnet einen interkulturellen

Rechtsdiskurs, wobei er – als einziger Europäer seiner Zeit –
den Standpunkt des Anderen gleichberechtigt in den Diskurs
einbezieht und uns den Spiegel vor Augen hält, d.h., was die
Europäer für sich in ihren Rechtstraditionen beanspruchen,
muss auch den indianischen Völkern zugebilligt werden. Seine Antwort auf diese Fragen, bei der er den Tatbestand der
Majestätsbeleidigung und der Häresie (es ging schließlich um
die Machtbefugnisse des spanischen Königs, aber auch des
Papstes) vermeiden musste, rüttelt an den Grundlagen des
spanischen Weltreichs.

Zur Legitimation der spanischen Herrschaft hatten die
Hoftheologen und -juristen bekanntlich folgende Argumente ins Feld geführt: die Konzessionsbulle Alexanders VI. von
1493 sei auch als Eroberungsauftrag zu verstehen (zuerst unterwerfen, dann evangelisieren), wenn die Indios die Oberho-
heit des Papstes und des spanischen Königs nicht freiwillig
anerkennen wollen; die Indios seien aristotelische Sklaven
von Natur, homosexuelle und unzivilisierte Barbaren, die
zu ihrem eigenen Wohl erobert, zivilisiert und evangelisiert
werden müssten; die indianischen Regierungsformen seien
durchwegs „tyrannisch" und müssen beseitigt werden; das
Recht auf Handel und Wandel sowie das Missionsrecht dürfen notfalls gewaltsam durchgesetzt werden; schließlich sei
aufgrund der *defensio innocentium*, also der Verteidigung der
Unschuldigen, die den Göttern geopfert wurden, eine spanische Intervention aus humanitären Gründen dringend geboten. Las Casas entkräftet all diese Argumente und schlägt eine
kühne Alternative zur Eingliederung der indianischen Völker
in die spanische Universalmonarchie vor.

Was er über die einzige Art der Evangelisierung aller Völker geschrieben hat, die dem Christentum angemessen ist,
nämlich eine solche, die durch Überzeugung des Verstandes

mit Argumenten und sanfte Anlockung und Ermahnung des Willens mit guten Lebensbeispielen geschehen soll, gilt auch für die legitime Herrschaftserlangung. Wenn die Indios „ursprünglich und natürlich" freie sowie mit Vernunft und freiem Willen begabte Menschen sind wie wir, kann eine legitime Herrschaftsübertragung nur durch die freie Zustimmung der Betroffenen und einen Herrschaftsvertrag erfolgen, in dem Pflichten und Rechte von Herrscher und Untertanen genau vereinbart werden. Wenn die Indios und ihre Völker frei sind, so hat der Papst nicht das Recht, „ihre Länder, Herrschaftsgebiete und ihre Freiheit dem König der Spanier zuzuweisen und zu schenken" (WA 2: 251).

Da die Konzessionsbulle von 1493 das Hauptargument der Gegenseite war, musste sich Las Casas hierzu etwas einfallen lassen: Der Papst kann letztlich mit seiner Bulle nichts anderes gemeint haben, als das, was das Evangelium vorschreibt, das bekanntlich nicht von Eroberungskriegen spricht und stets die Entscheidungsfreiheit der Menschen respektiert (dass der Glaube Sache des freien Willens ist, wusste die gute Theologie immer); der Papst ist zudem nicht Oberhaupt der ganzen Welt *in actu*, sondern nur *in potentia*, sofern alle Menschen eines Tages Christen werden könnten; aber auch dann hätte er keine direkte Gewalt im Zeitlichen, sondern nur eine indirekte Gewalt im Hinblick auf das Wohl des Geistlichen; er kann also nicht gewähren, was er nicht hat, sprich, die unmittelbare Herrschaft über die neuentdeckten oder noch zu entdeckenden Völker. Als Alexander VI. die Neue Welt den Königen von Spanien und Portugal „schenkte, gewährte und übertrug", kann er nach gesundem Menschenverstand höchstens einen spanischen Evangelisierungsauftrag und einen Anspruch auf subsidiäre Oberherrschaft zum Wohle der Evangelisierung unter Anerkennung der legitimen Herrschaftsformen der indianischen Völker gemeint haben; damit dieser Anspruch aber „rechtswirksam" werden kann, bedarf er – vor und nach der Bekehrung – der freien Zustimmung der Indios und ihrer natürlichen Herren. Denn „jede Fürstenschaft oder Regentschaft über das Volk (hat) ihren Ursprung in Konsens und Wahl des Volkes" (WA 3/1: 287). Die Missionare könnten die Indios bitten, eine solche spanische Oberherrschaft freiwillig anzunehmen.

Las Casas' Vorschlag lief auf ein spanisches Kaisertum für die Neue Welt hinaus, das die im Naturrecht begründeten legitimen Herrschaftsstrukturen der indianischen Völker nicht aufhebt, sondern lediglich subsidiär überlagert, etwa im Bereich der Verteidigung gegen äußere Feinde und des Schutzes der Glaubensboten, wenn sie angegriffen würden. Damit ist es Las Casas gelungen, das Konzept einer subsidiären Universalmonarchie, wie das Kaisertum in Europa traditionell verstanden wurde, auf das spanische Weltreich zu übertragen. Die indianischen Völker wären dann gleichberechtigte freie „Verbündete" des spanischen Königs, und dieser wäre ihr und der Glaubensboten oberster Schutzherr, sowie der Kaiser in Europa Schutzherr der Christenheit ist, dabei aber die Herrschaftsstrukturen der einzelnen christlichen Länder zu respektieren habe, wie die politisch-theologischen Theorien des Mittelalters klarmachen.

Indem Las Casas das Volk als „erste Quelle und Ursprung aller Gewalten und Jurisdiktionen" bzw. als „Wirkursache der Könige" (WA 3/2: 218) betrachtet und die Zustimmung aller Betroffenen bei der Wahl neuer Herrscher verteidigt, wird er zum Verfechter der „Volkssouveränität" im Zeitalter des Absolutismus (Delgado, Zustimmung, 167-169, 176-179). Um das Zustimmungsprinzip zu begründen, beruft sich Las Casas auf eine Regel aus dem Kirchenrecht, die einst in der Kirche bei der Bischofswahl eine wichtige Rolle spielte: „Was alle betrifft, soll von allen approbiert werden" (WA 3/1: 283 u.a.). Nach dieser

Regel bedarf die Wahl eines Bischofs der Zustimmung durch
Klerus und Laien, die von ihm geleitet werden sollen: „Wenn
das Volk der durch das Kollegium erfolgten Wahl nicht zustim-
men wolle …, und sogar wenn es ohne vernünftigen Grund
widerspricht und seine Zustimmung verweigert, muss die Wahl
für ungültig erklärt werden, falls sonst ein Ärgernis im Volk
entstünde … Wenn das Volk einen schon bestallten Bischof oder
Prälaten verfolge, dürfe es daran nicht gehindert werden; damit im Volk und in der Kirche wieder Ruhe einkehre, müsse der
Prälat zurücktreten oder von seinem Oberen abberufen werden,
nachdem man ihm anderorts eine angemessene Stelle zugewie-
sen habe" (WA 3/1: 288f). Was für die Bischofsbestellung gilt,
muss erst recht für die politische Herrschaftserlangung gelten.

Die logischen Schlussfolgerungen, die Las Casas aus der
fehlenden freiwilligen Zustimmung der Indios zur spanischen
Herrschaft zog, nämlich die Unrechtmäßigkeit der bisherigen
Form des spanischen *ingressus* und *progressus* („Alle Reiche
und Herrschaftsgebiete von Westindien halten wir widerrechtlich in Besitz", hält er in seinem Testament fest), die Wiedereinsetzung der indianischen Herren (zumindest in Peru war das
bis zum Tode Las Casas' eine reale Möglichkeit, da Nachfahren
der Inka im Urwald die Legitimität aufrecht erhielten) und die
friedliche Aussendung von Glaubensboten ohne Waffengetöse, um die indianischen Völker zu evangelisieren und zugleich
ihre freiwillige Zustimmung zur spanischen Oberherrschaft zu
erreichen, war in den fünfziger und sechziger Jahren des 16.
Jahrhunderts politischer Sprengstoff. Aufgrund der logischen
Stringenz seines Rechtsdiskurses hält Las Casas in seinem Testament freimütig fest, dass der König nicht befugt ist, das
Recht zu brechen: „Unser Herr und König, den Gott bewahre
und mit Erfolg segnen möge, vermag mit all seiner von Gott
verliehenen Machtvollkommenheit die Kriege und Raubzüge

gegen jene Völker und die besagten Encomiendas ebensowenig zu rechtfertigen, wie sich die Kriege und Raubzüge der Türken gegen die Christen rechtfertigen lassen" (WA 3/1: 516).

Dasselbe gilt für den wirtschaftlichen Aspekt. Las Casas' Vorschläge waren von drei Überzeugungen geprägt: zum einen, dass die spanische Krone die Kosten für die Evangelisierung tragen soll, ohne Spanien jedoch verarmen zu lassen; zum anderen, dass die wirtschaftlichen Ressourcen der Neuen Welt vorrangig dort reinvestiert werden sollen (mit diesem letzten Vorschlag steht Las Casas in der Tradition des Aufstands der Comunidades), schließlich, dass indianisches Geld nur aufgrund von freiwilliger Schenkung oder gerechtem Handel in die Hände der Spanier gelangen kann. Um die Kosten der Evangelisierung abzudecken und gar die Kosten der erforderlichen Restitution des bisher unrechtmäßig angeeigneten Gutes wettzumachen, brauche man nur, so Las Casas weiter, Gerechtigkeit in Zöllen, Gebühren, Steuern, Abgaben und Verkaufssteuern walten zu lassen, welche aus den Geschäften der spanischen Kaufleute herrühren, die Waren von Spanien nach dorthin und von dort nach Spanien bringen (WA 3/1: 315). Las Casas' radikale Restitutionsforderung war angesichts der Finanzzwänge der Hegemonialmacht Spanien auch politischer Sprengstoff: „Alles Gold und Silber, alle Perlen und Reichtümer, die nach Spanien gelangt oder in Westindien unter den Spaniern im Umlauf sind, wenn auch deren wenig sein mag, sind geraubtes Gut ... Wenn sie nicht zurückerstatten, was sie geraubt haben und noch heute durch Conquistas und Encomiendas rauben, werden sie nicht gerettet werden können, auch nicht diejenigen, die davon profitieren" (WA 3/1: 516) – womit nicht zuletzt die Krone selbst gemeint war!

Karl wird nicht mehr darauf eingehen. Sein Sohn und Nachfolger Philipp II. ließ den alten Las Casas, dessen prophe-

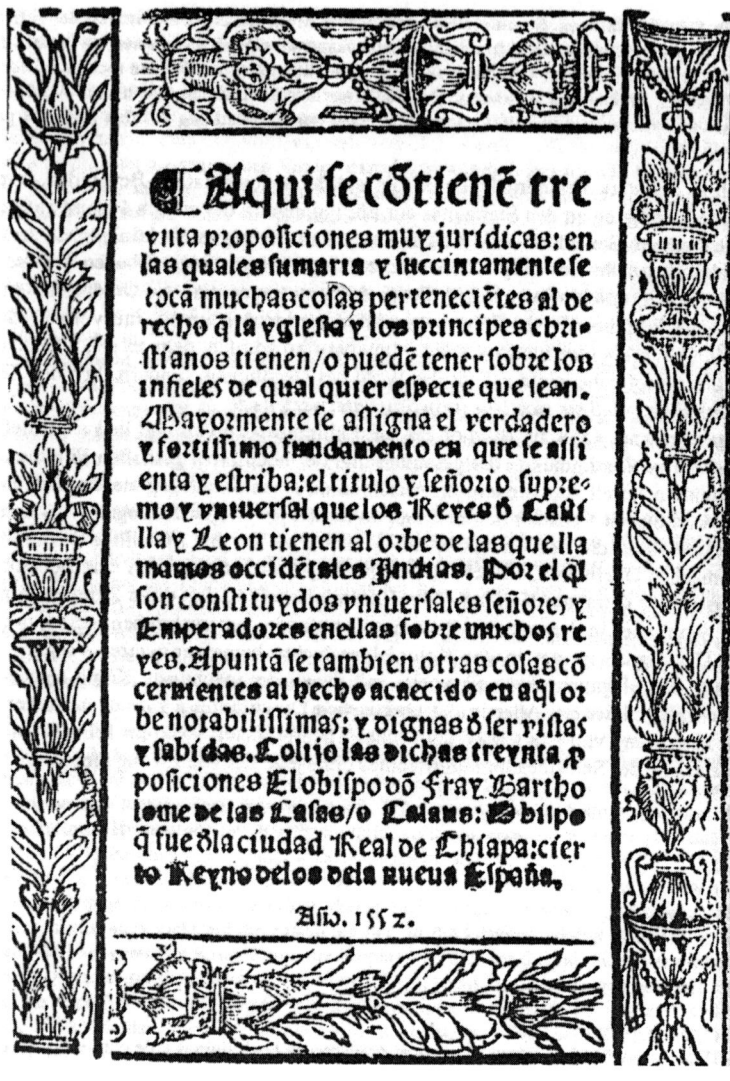

„Dreißig Vorschläge" (Treinta proposiciones) von 1548, in denen Las Casas juristische Grundsätze für den Umgang der spanischen Krone mit den Indios aufstellte (Sevilla 1552).

tischer Freimut bereits zu Lebzeiten zur Legende wurde, gewähren, ohne sich von ihm allerdings beeindrucken zu lassen. Nach Las Casas' Tod ließ Philipp aber dessen Position in den erwähnten zentralen zwei Fragen (Restitution von usurpierter Herrschaft und geraubtem Geld) systematisch entkräften. Die Abrechnung mit Las Casas ist vor allem in der im Peru des Vizekönigs Francisco de Toledo entstandenen anonymen *Denkschrift von Yucay*, datiert auf den 16. März 1571, enthalten. Hier wird er beschrieben als ein guter Ordensmann, der ein wenig Recht studiert hatte, von der Leidenschaft verblendet war und letztlich nicht wusste, was er sagte (WA 3/2: 440). In Peru hat es vor der Ankunft der Spanier „keinen universalen und auch keinen partikularen Herrn" gegeben, „vielmehr war jeder Einzelne der Herr seines Hauses, wie man aus den Berichten der Besten, Bewährtesten und Erfahrensten des Reiches ersehen wird", d.h. Peru war juristisch ein herrenloses Land (*res nullius*).

Aus diesem Grund und weil die Inka Tyrannen der jüngsten Zeit waren, die ihre universale Herrschaft mit Gewalt an sich gerissen und nicht ersessen hatten, vor allem aber aufgrund der Bulle Alexanders VI., ist die Herrschaft des spanischen Königs als überaus legitim anzusehen, ja legitimer noch als die Herrschaft in Spanien selbst. Die Denkschrift endet folgerichtig mit einem Anhang, in dem die Ausbeutung der Minen Perus, um die Kriege des katholischen Königs von Spanien in Europa zum Wohle des Glaubens zu finanzieren, legitimiert, ja heilsgeschichtlich gedeutet wird als Aussteuer oder Köder der hässlichen Tochter Peru, damit die schöne Tochter Spanien sich angelockt fühlen konnte, den christlichen Glauben und die abendländische Zivilisation in Peru einzuführen und zu beschützen: Die Gold-, Silber- und Quecksilberminen Perus sind für den Autor der Denkschrift moralisch gesprochen so notwendig, „dass es dort ohne solche Schätze weder König noch Gott gäbe" (WA 3/2: 467), will heißen, ohne Aussicht auf Gold und Silber hätte es weder Eroberung noch Evangelisierung gegeben. Der Jesuit José de Acosta, der die erwähnte Theorie der zwei Töchter teilte (Historia, 220), wird Ende des 16. Jahrhunderts daraus eine „Felix-culpa-Theologie" machen: „So wurde die Habgier der Christen zur Berufung der Indios" (De procuranda 1, 530ff).

Bemerkenswert ist allerdings, dass Philipp II. am Ende seines Lebens Las Casas' Anklage der unmenschlichen Behandlung der Indios indirekt bestätigte. In einem Brief vom 27. Mai 1582 an den Erzbischof von Mexiko, Pedro Moya de Contreras, schreibt der König im quasi lascasianischen Stil: „Wir sind darüber informiert worden, dass in diesem Land die indianischen Eingeborenen aufgrund der schlechten Behandlung durch die Encomenderos zugrunde gehen ... Und sie behandeln sie schlechter als Sklaven ... Und viele Indios hängen sich auf, und andere sterben, weil sie nichts mehr essen wollen, und andere vergiften sich mit Kräutern, und es gibt Mütter, die ihre Kinder gleich nach der Geburt töten, um sie von den Arbeiten zu befreien, die sie selber erleiden, und dass die Indios einen großen Hass gegen den Christen-Namen empfinden ... Da Wir mit großer Sorgfalt die Gesetze verabschiedet haben, die uns zum geistlichen und zeitlichen Wohl der Indios zweckmäßig schienen ... und dabei dachten, dass Unsere Diener taten, was wir ihnen angeordnet hatten ..., da dies aber nicht geschah und die Korruption und die Unordnung so sehr gewachsen sind, muss man von nun an mit größter Wachsamkeit dafür sorgen, dass diesen Übeln Abhilfe geschaffen wird" (Pérez Fernández, Las Casas en el Perú, 439f).

III. Die Wahrheit des Anderen

Die Vorgeschichte der Kontroverse von Valladolid

Die Kontroverse von Valladolid wurde von Karl V. am 7. Juli 1550 einberufen, damit Bartolomé de Las Casas und Juan Ginés de Sepúlveda, herausragende Polemiker und Wortführer der „Tauben" und der „Falken" in der Kolonialfrage, ihre Meinung vor einer Kommission aus erstrangigen Juristen und Theologen freimütig begründen könnten. Sie fand im Dominikanerolleg San Gregorio und im benachbarten Kloster San Pablo in zwei Sitzungsperioden statt: die erste dauerte vom 15. August bis wahrscheinlich Ende September 1550, die zweite vom 11. April bis 4. Mai 1551. Ein richtiges „Streitgespräch" war die Kontroverse nicht, da die Kontrahenten einander nicht zu Gesicht bekamen.

Zur Debatte stand nicht die spanische Expansion als solche. Beide befürworten die Universalisierung christlicher Religion und abendländischer Zivilisation: der eine nur friedlich und nach freiwilliger Zustimmung der Betroffenen, der andere um jeden Preis. Während Las Casas die christliche Religion und die Errungenschaften abendländischer Zivilisation „um der anderen willen, aber nicht gegen den Willen der anderen" universalisieren will und in den Indios gleichberechtigte „Partner" sieht, tritt Sepúlveda für einen „Eurozentrismus um der anderen willen und notfalls gegen den Willen der anderen" ein, da er von der natürlichen Unterlegenheit der Indios überzeugt ist:

evangelisiert und okzidentalisiert zu werden sei für sie letztlich das Beste, und man solle dies selbst gegen ihren Willen tun, so wie der Vater die widerspenstigen Kinder gegen ihren Willen erziehen müsse. Blutrünstig war Sepúlveda jedoch nicht. Die von der Soldateska in den Conquistas angerichteten Blutbäder lehnte er nicht weniger ab als Las Casas selbst; er hielt sie jedoch für ein notwendiges Übel, für eine Schocktherapie, damit die Wohltaten der christlichen Zivilisation nach Übersee gelangen können. Zur Debatte stand die Frage, „ob es Seiner Majestät erlaubt ist, Krieg gegen jene Indios zu führen, bevor man ihnen den Glauben verkündet, damit sie zunächst seiner Herrschaft unterworfen werden und danach leichter und bequemer [...] belehrt und erleuchtet werden können".

Der scholastische Theologe Domingo de Soto, der als Sekretär der Kommission eine Zusammenfassung der Kontroverse erstellte, fügt hinzu: „Doktor Sepúlveda stellt die Behauptung auf, dass ein derartiger Krieg nicht nur erlaubt, sondern zweckmäßig ist. Der Herr Bischof [Las Casas] vertritt das negative Argument, indem er behauptet, dieser Krieg sei nicht nur nicht zweckmäßig, sondern gar nicht einmal erlaubt, ja ruchlos und stehe im Widerspruch zu unserer christlichen Religion" (WA 1: 351). Die Kontroverse geriet aber vor allem zu einem Streit über die Einheit des Menschengeschlechts, also über die Frage, ob dieses aus gleichermaßen würdigen, wenn auch unterschiedlich begabten, doch immer zivilisations- und glaubensfähigen Geschöpfen besteht oder ob es vielmehr eine hohe und eine niedere, eine herrschende und eine dienende Menschheit gibt.

Die Tatsache, dass Las Casas und Sepúlveda typologisch die zwei Seelen in der abendländischen Brust gegenüber dem Fremden verkörpern, und das Weltreich, in dem die Sonne nicht unterging, auf dem Zenit seiner Expansion über die

Erstveröffentlichung der Kontroverse zwischen Las Casas und Sepúlveda (Sevilla 1552).

legitime Form derselben öffentlich disputieren ließ, hat die Kontroverse von Valladolid zu einem beliebten literarischen Sujet werden lassen. Reinhold Schneider widmete ihr 1939 seinen vielgelesenen historischen Roman *Las Casas vor Karl V. Szenen aus der Konquistadorenzeit.* Im Kolumbusjahr 1992 hat Jean-Claude Carrière ein Theaterstück *(La controverse de Valladolid)* über sie geschrieben, das mit großem Erfolg gespielt und verfilmt wurde.

Im Verlauf der Kontroverse wird Las Casas die große Bedeutung des „anthropologischen Arguments" bewusst: Es genügt nicht, das Recht des Anderen einzuklagen, es muss auch die Wahrheit seiner Kulturen und Religionen verteidigt werden, was Las Casas ab 1551 in verschiedenen Werken leidenschaftlich tun wird. Der Kontroverse von Valladolid verdanken wir so nicht nur die Entstehung der ersten vergleichenden Ethnographie des Entdeckungszeitalters, sondern eine neue Form apologetischer Literatur, die Europa und dem Christentum zur Ehre gereicht. Seit Sokrates verstand man unter Apologie die Verteidigung der eigenen Position gegen unsachliche Vorwürfe. In diesem Sinne verteidigten die christlichen Apologeten der Antike das Christentum gegen die heidnischen Philosophen. Las Casas schreibt nun zwei apologetische Werke (die *Apologia* auf Latein, die *Kurze apologetische Geschichte* auf Spanisch), um die Wahrheit des Anderen zu verteidigen: damit „man all diese so unendlich vielen Völker in diesem überaus weiten Erdkreis kennenlernte", „sie wurden nämlich von einigen Leuten verleumdet", die verbreiteten, „diesen Menschen fehle es an gesunder Vernunft, um sich selbst zu regieren, sie hätten keine menschengemäße Regierungsform und keine geordneten Gemeinwesen" (WA 2: 443).

Die „Verleumder", von denen bei Las Casas immer wieder und oft ohne Namensgebung die Rede ist, lassen sich in zwei

Gruppen teilen: zur ersten gehören Konquistadoren (so etwa Hernán Cortés), Missionare (so der Franziskaner Juan Cabedo und die Dominikaner Tomás de Ortiz und Domingo de Betanzos) und Chronisten (so Gonzalo Fernández de Oviedo) mit Westindienerfahrung, die sich auf ihre Rolle als Augenzeugen berufen; zur zweiten gehören jene Autoren, die Europa zwar nicht verlassen haben, aber sich auf die Berichte der ersten Gruppe stützen (etwa der Pariser Theologe John Mayor, der Humanist Juan Ginés de Sepúlveda oder der Chronist Francisco López de Gómara).

Die Verleumdungen gründen einerseits auf einem „biblischen", andererseits auf einem „aristotelisch-ethnozentrischen" negativen Vorurteil. Die biblisch begründeten Vorwürfe betreffen hauptsächlich den „Götzendienst", der nach der Bibel ja die „Wurzel aller Übel" ist und bei den Indios besonders abartige Formen von „Sünden wider die Natur" wie Homosexualität, Menschenopfer und Anthropophagie annehmen soll.

Die Vorwürfe anhand des aristotelischen Ethnozentrismus lassen sich wiederum in zwei Gruppen unterteilen. Zum einen hängen sie mit einem „kosmo- und psychologischen Determinismus" zusammen; demnach müssen Menschen, Fauna und Flora mancher Weltgegenden, wie etwa der Tropen, angesichts der dort herrschenden kosmischen Einflüsse (des Klimas, des Himmels, des Bodens usw.) „minderwertig" sein; und weil die Körper der dort lebenden Menschen im Vergleich zu den Europäern schlecht proportioniert sind, müssen auch ihre Geister entsprechend entstellt sein, denn der Geist ist ein Abbild des Körpers, so dass äußere und innere Harmonie zusammenhängen. Trotz der apologetischen Schriften Las Casas' wird die These von der Minderwertigkeit der Menschen, Fauna und Flora Lateinamerikas um 1800 in aufgeklärten Kreisen (Raynal, Buffon, De Pauw u.a.) verbreitet. Selbst der große Hegel wird von der „geographischen Unreife" der Neuen Welt sprechen und über die Indios Südamerikas folgendes Urteil abgeben: „Die Inferiorität dieser Individuen in jeder Rücksicht, selbst in Hinsicht der Größe, gibt sich in allem zu erkennen" (Hegel, 107.108).

Zum anderen wurde eine Art „politischer Determinismus" konstruiert, wonach Menschen, die es bisher nicht zu einer „Polis-Zivilisation" gebracht haben, wohl als Barbaren und „Sklaven von Natur" zu sehen sind, denen es an der Fähigkeit zur selbständigen Urteilskraft mangelt und die folglich dazu bestimmt sind, sich von anderen bevormunden und als Diener einspannen zu lassen.

Den Verleumdern war klar, dass die Indios auch „Menschen" sind. Das stand nie wirklich in Frage. Der Aufschrei Montesinos 1511 – „Sind sie etwa keine Menschen?" – wurde stets in dem Sinn verstanden, ob denn die Indios keine Menschen seien „wie wir", d.h. mit denselben Rechten und Pflichten. Besonders bitter war für Las Casas, dass auch erfahrene Missionare zur Verneinung dieser Frage neigten. Der Dominikaner Tomás de Ortiz, der bei den Indios der Perlenküste (Venezuela) offenbar einen tiefen Kulturschock erlebte, verlas z.B. 1524 vor dem Indienrat eine Anklageschrift, die viel Aufsehen erregte. Darin heißt es u.a.: „Die Indios auf dem Festland essen Menschenfleisch. Sie sind mehr als irgendein anderes Volk unzüchtig. Gerechtigkeit gibt es bei ihnen nicht. ... Als Gegner der Religion, als Faulenzer, Diebe, gemeine und verdorbene Menschen ohne Urteilskraft beachten sie weder Verträge noch Gesetze. ... Zu ihren Speisen gehören Läuse, Spinnen und Würmer, die sie ungekocht essen, wo sie sie nur finden. Sie betreiben keine Künste und keine Gewerbe. ... Ich kann versichern, dass Gott kein Volk je erschaffen hat, das mehr mit scheußlichen Lastern behaftet ist als dieses, ohne irgendeine Beigabe von Güte und Gesittung. ... Die Indios sind

dümmer als Esel und wollen sich in keiner Weise bessern"
(Delgado: Gott, 150f). Diese Anklageschrift war kein Einzel-
fall. Die indiofreundliche Partei der Bettelbrüder wird zwar
1537 von Papst Paul III. mit der Bulle *Sublimis Deus* eine
magna charta der Menschenwürde, Zivilisations- und Glaubensfähigkeit der Indios erwirken. Aber Karl V. sieht in dieser
päpstlichen Einmischung einen „Patronatskonflikt" und verbietet die Veröffentlichung der Bulle, so dass diese die Ankla-
geschriften nicht aus der Welt schaffen kann.

Der Scholastiker Francisco de Vitoria

Der nüchterne Francisco de Vitoria (um 1483/1492-1546) hielt
1539 seine berühmten kolonialethischen Vorlesungen. Vitoria
war ein Vertreter des scholastischen Aristokratismus im Spanien des 16. Jahrhunderts. Er betrachtete die Angelegenheit
wie eine akademische *quaestio* nach dem Prinzip des *distin-
guendum est.* Er bemerkt, ihm sei bisher nichts Schriftliches
zu diesem Problem zu Gesicht bekommen und niemals habe
er „an einem Streitgespräch oder einer Beratung über diesen
Gegenstand" teilgenommen (Vitoria: Vorlesungen 2, 456f),
man habe ihn also, die größte theologische Autorität seiner
Zeit, einfach nicht gefragt; er äußere sich nur, weil die Sache
mit den Barbaren eine „Doppelgestalt" zu haben scheine, denn
sie sei „weder von sich aus so eindeutig ungerecht, dass nicht
über deren Gerechtigkeit gesprochen werden könne, noch andererseits so eindeutig gerecht, dass man nicht nach deren
Ungerechtigkeit fragen könnte" (ebd., 380f); er wisse nicht
mit hinreichender Sicherheit, „ob zur Erörterung und Entscheidung des besagten Problems jemals Theologen bestellt
wurden, die man in einer so bedeutenden Angelegenheit in

würdiger Weise anhören könnte" (ebd., 382f); und er äußere sich schließlich nicht, um „neue Streitereien zu entfachen" (ebd., 380f), sondern weil es sich um eine umstrittene Sache handele, deren Entscheidung „nicht allein den Rechtskundigen" zukomme: „vielmehr ist es auch Aufgabe der Theologen, hier Stellung zu beziehen, da es um die Instanz des Gewissens geht" (ebd., 372f, 380-383). Vitoria schaltet sich also mit seiner Autorität in die Diskussion ein, aber mit allen nötigen Kautelen, die ein Akademiker zu formulieren weiß, wenn er nicht eindeutig Partei ergreifen möchte. Und er reklamiert dabei für die scholastische Theologie die Deutungshoheit.

In seiner allgemeinen Vorlesung *De iure belli* (Über das Kriegsrecht) hatte Vitoria die Latte für einen „gerechten Krieg" sehr hoch gelegt: weder der Unglaube, noch die Erweiterung des Herrschaftsbereichs, noch persönlicher Ruhm oder ein anderer Vorteil für den Herrscher stelle einen gerechten Kriegsgrund dar, sondern allein „empfangenes Unrecht", wobei nicht jedes Unrecht jeden beliebigen Umfangs für einen Krieg ausreiche (ebd., 558-561). Vitoria wollte damit sicherlich den Krieg als Übel eindämmen, wie aus dieser Schlussfolgerung hervorgeht: „Man muss sich daran erinnern, dass die anderen Mitmenschen sind, die wir *wie uns selbst zu lieben* verpflichtet sind, und dass wir alle einen gemeinsamen Herrn haben, vor dessen Richterstuhl wir alle über unsere Taten Rechenschaft ablegen müssen. Es ist nämlich ein Zeichen schlimmster Rohheit, nach Gründen zu suchen und sich dann darüber zu freuen, dass es Gründe für die Tötung und Verfolgung von Menschen gibt, die Gott schuf und für die Christus starb. Man muss sich vielmehr gezwungenermaßen und unfreiwillig in die Notwendigkeit eines Krieges fügen" (ebd., 602f).

Bei der Anwendung seiner Kriegsethik auf die kolonialethische Debatte hat man allerdings den Eindruck, dass Vitoria nicht nur die angeblichen Kriegsgründe für den spanischen *ingressus* und *progressus* scharfsinnig demontiert, sondern dass er ebenso akribisch nach Gründen sucht, um den Spaniern ein humanitäres Interventionsrecht zu gewähren und so die Faktizität der seit vierzig Jahren stattgefundenen Expansion zu rechtfertigen. Die Interventionsgründe, die viele Trugschlüsse enthalten, sind das Recht auf Wandel und Handel, das Missionsrecht, das Recht zur Verteidigung der Unschuldigen, die freie Wahl durch die Indios, die Hilfe für Bundesgenossen und Freunde und schließlich die Unfähigkeit der Barbaren zur politischen Selbstführung.

Nur dieser letzte Grund, also das Argument der zivilisatorischen Obhut interessiert uns hier. Vitoria lässt zwar keinen Zweifel daran, dass die Indios (man hatte inzwischen die Hochkulturen Mexikos und Perus unterworfen und vertraute Zeichen von Zivilisation gefunden, die auf politische Klugheit hindeuteten) Menschen „wie wir" sind. Sollte aber wirklich zutreffen, dass die meisten von ihnen verstandesmäßig Kindern oder geistig unterentwickelten Menschen gleichzusetzen seien – was man durch Erfahrung vor Ort leicht herausfinden könne und Vitoria anzunehmen scheint, schenkt er doch denjenigen Gehör, die bei den Indios waren und meinen, deren Dummheit sei viel größer, „als sie bei anderen Völkern bei Kindern und Halbwüchsigen ist" –, dann bestünde kein Zweifel, „dass es nicht nur erlaubt, sondern in höchstem Grade angemessen wäre, ja die betreffenden Herrscher wären dazu verpflichtet", sie in ihre Obhut zu nehmen und zu leiten, „solange sie sich auf dieser Stufe befänden". Vitoria vergisst dabei nicht eine Bedingungen zu nennen: „dass es zum Wohl und Nutzen der Barbaren und nicht nur für den Gewinn der Spanier geschieht" (ebd., 484-487); und er betont, dass auch in diesem Falle die Indios legitime Herren ihrer Länder und Güter blieben.

Vitorias Beitrag zur kolonialethischen Debatte verdient bis heute das von Las Casas gesprochene Urteil, wonach der gelehrte Magister bei der Demontage der unrechtmäßigen Titel scharfsinnig argumentiert habe, aber bei der Begründung legitimer Titel von falschen Tatsachen ausgegangen sei, die ihm von den Tätern erzählt wurden. Um die kaiserliche Partei zu besänftigen, habe er einige Thesen entschärft, die zu hart klangen. Vitoria selbst gebe uns dies zu verstehen, da er sich bei den rechtmäßigen Titeln immer nur im Konjunktiv äußere (OC 9: 626–629).

Der aristotelische Humanist Juan Ginés de Sepúlveda

Juan Ginés de Sepúlveda (um 1489/90-1573) gehörte in Bologna zum Schülerkreis des Humanisten Pietro Pomponazzi, einer führenden Autorität im Aristotelismus der Renaissance. Im Auftrag von Julius Medici, dem späteren Papst Clemens VII., übersetzte er Werke des Aristoteles ins Lateinische, darunter auch die *Politik*. Er gehörte auch zu den Beratern von Papst Hadrian VI. Im Dienste der Kurie verweilte er bis 1536. Danach wurde er von Karl V. zum offiziellen Reichschronisten ernannt. In seinen Schriften zur politischen Situation der Zeit hielt er einen Krieg des Kaisers gegen Türken und Protestanten für zweckmäßig und gerecht. Ähnlich denkt er über den spanischen *ingressus* und *progressus* in der Neuen Welt. Sein Werk *Democrates secundus* (1544-45) trägt den Untertitel *Über die gerechten Gründe des Krieges gegen die Indios*; nicht zuletzt aufgrund der Einwände des Bartolomé de Las Casas durfte dieses Werk nicht erscheinen. Wichtig ist auch seine *Apologia*, die er im Frühjahr 1550 in Rom publizieren wollte, um die Orthodoxie des *Democrates secundus* zu verteidigen.

Porträt des Juan Ginés de
Sepúlveda (aus dem Werk
„Retratos de españoles
ilustres", Madrid 1791)

Schließlich haben wir die Zusammenfassung der *Disputation
von Valladolid* (WA 1: 337–436), die der Scholastiker Domingo de Soto erstellte und Las Casas selbst 1552 zusammen mit
seinen eigenen Antworten drucken ließ. Sepúlvedas Denken
wird im *Democrates secundus* am konsequentesten begründet, während die anderen Schriften nur Nuancen liefern angesichts der Einwände des Las Casas. Einige Vorbemerkungen
sind wichtig, um Sepúlvedas Meinung zu verstehen:

Der Zeitpunkt seines Eingreifens in die Kontroverse ist kein
Zufall. Die scharfen, aber auch ambivalenten Schlüsse des
Magisters Vitoria hatten die Kontroverse nicht entschieden,
sondern Unzufriedenheit bei den Encomenderos wie bei den
indiophilen Missionaren hinterlassen. Mit der Verlautbarung

der Neuen Gesetze 1542 durch Karl V. konnten Letztere einen Achtungserfolg verzeichnen; denn das Ziel derselben war das Ende der Indiosklaverei und die deutliche Abmilderung der bestehenden Encomiendas, verbunden mit dem Verbot, dass diese vererbt oder neue eingerichtet werden.

Wir wissen nicht, ob Sepúlveda von den Encomenderos bezahlt wurde. Tatsache ist, dass er als Hauptargument die These der Indios als Sklaven von Natur vertritt, die ihrem Anliegen entspricht. Er selber rechtfertigt freilich sein Eingreifen mit humanistischer Rhetorik: „Angesichts so viel Zwietracht in den Meinungen der gelehrtesten und klügsten Männer und da mir in meinem Nachdenken über die Sache gewisse Überlegungen eingefallen waren, dachte ich, dass ich mich aus einem solchen öffentlichen Geschäft, an dem sich so viele beteiligten, nicht heraushalten sollte; *ich durfte auch nicht schweigen, wenn so viele redeten* – vor allem wenn so bedeutsame und mit so großer Autorität ausgestattete Personen mich einluden, meine Meinung schriftlich zu fixieren und meine Lehre offen darzulegen, zu der sie zu neigen schienen, nachdem ich sie ihnen kurz erläutert hatte" (Sepúlveda: Democrates, 1-2). Aus anderen Schriften Sepúlvedas wissen wir: mit dieser kryptischen Bemerkung im Vorwort seines *Democrates secundus* meint er, dass kein geringerer als der Generalinquisitor Fernando de Valdés ihn darum gebeten hatte, als Emissäre der Encomenderos sich am Hof befanden, um gegen die Neuen Gesetze zu protestieren.

Sepúlveda war davon überzeugt, dass er damit „Indult und Autorität des Apostolischen Stuhles sowie Gerechtigkeit und Ehre unserer Könige und der Nation" verteidigte. Freimut und Redlichkeit sind ihm nicht abzusprechen, denn er hat bei der Kontroverse von Valladolid eine entsprechende Ehrenerklärung abgegeben: „Da sollte kein Verdacht am Platz sein, dass ich der Gerechtigkeit oder der Wahrheit, die so teuer sind, irgendeinen anderen Belang voranstelle" (WA 1: 373).

Sepúlveda war aber ein „Humanist", kein Scholastiker. Das merkt man nicht nur an seinem eleganten Cicerolatein, sondern auch und vor allem an der Art und Weise, wie er mit manchen theologischen Argumenten umgeht. Mit seiner Betrachtung der Spanier als Vollstrecker des Zornes Gottes ob der Sünden gegen die Natur der Indios, mit seiner Auslegung der Sünde des Unglaubens als Kriegsgrund, seinem Verständnis der Konzessionsbulle als Herrschaftsübertragung und seiner Verteidigung des Missionsrechtes unter Einschluss des Zwangs zur Anhörung der Glaubenspredigt handelte sich Sepúlveda die akademische Verachtung der Scholastiker ein. Für sie war er „zweifellos berühmt in der Kunst der Rhetorik, aber laienhaft in der Theologie" (Cano: De locis, 555).

Aber Sepúlveda war kein Kriegstreiber. Die klassische Theorie des gerechten Krieges, die er im ersten Teil seines *Democrates secundus* brillant zusammenfasst (Sepúlveda: Democrates, 3-19), setzte er voraus: man solle den Krieg an sich nicht suchen, nur das empfangene Unrecht berechtige nach dem Naturrecht jeden zu einer bewaffneten Antwort, während bei anderen Gründen nur die dazu befugte Autorität den Krieg als *ultima ratio* erklären dürfe; und auch hier wäre zu bedenken, dass die Gier nach Macht oder die Gewinnung von Lebensraum für ein an sich enges und überfülltes Reich kein legitimer Grund wäre. Und bei alledem dürfe man schließlich die Mäßigung und die Verhältnismäßigkeit nicht vergessen, damit, wenn möglich, den Unschuldigen kein Leid zugefügt werde etc.

Sepúlvedas Absicht ist, auf „andere Gründe für einen gerechten Krieg" aufmerksam zu machen, „die nicht so oft zur Anwendung kommen, aber als sehr gerecht gelten und dem natürlichen sowie dem göttlichen Gesetz" entsprechen (ebd., 19). Diese sind die aristotelische Lehre der Sklaven von Natur; die „Sünde" des Unglaubens bzw. des Götzendienstes, wenn dieser mit abscheulichen, widernatürlichen Praktiken wie Sodomie und Menschenopfern einhergeht; die Befreiung von Unschuldigen aus dem sicheren Tod in Menschenopfern; und schließlich die Erleichterung der Ausbreitung des Christentums.

Das *aristotelische Argument* ist der wichtigste Beitrag Sepúlvedas zur Kontroverse. Demnach können diejenigen, deren natürliche Verfassung so beschaffen ist, dass sie anderen gehorchen müssten, „mit den Waffen" unterworfen werden, „wenn sie nun deren Herrschaft ablehnen und kein anderer Weg da ist". Auf den Einwand, das sei eine erstaunliche Lehre „und weit entfernt von der allgemeinen Meinung", lässt Sepúlveda antworten: „Erstaunlich vielleicht, aber nur für diejenigen, die die Philosophie nur von der Schwelle begrüßt haben. So erstaune ich darüber, dass ein so gelehrter Mann wie Du eine Lehre für neues Dogma hält, die unter den Philosophen alt ist und dem Naturrecht sehr entspricht" (ebd., 19).

Viele Seiten widmet Sepúlveda dem sorgfältigen Beweis der naturgegebenen Ungleichheit der Menschen, um den Führungsanspruch der Spanier zu begründen. Diese sind für ihn nämlich nicht nur das Israel des Neuen Testamentes, sondern auch in politischer Klugheit, im Scharfsinn, in allerlei Tugenden und guten Sitten, in Theologie, Philosophie, Astrologie, Charakterstärke, Menschlichkeit, Gerechtigkeitssinn und Religion usw. die Griechen und Römer der Renaissance, die kultiviertesten Träger der abendländischen Zivilisation, also die Übermenschen des 16. Jahrhunderts. Dass die Indios, ähnlich den aristotelischen Barbaren, als Knechte oder Sklaven von Natur zu betrachten seien, ist nur die logische Schlussfolge-

Fassade des Kollegs San Gregorio (Valladolid), in dem 1550–1551 die Kontroverse zwischen Bartolomé de Las Casas und Juan Ginés de Sepúlveda stattfand.

rung aus dieser chauvinistischen Überhöhung des eigenen Volkes zur Legitimierung des geschichtlichen Führungsanspruchs in der Welt des 16. Jahrhunderts.

Sepúlveda bezieht sich vor allem auf das dritte, das fünfte und das achte Kapitel des ersten Buches der *Politik* des Aristoteles. Zunächst unterscheidet Sepúlveda zwischen dem juristischen und dem philosophischen Sklavereibegriff. Nach dem ersten bestehe die Sklaverei in einem akzidentiellen Grund, der zum Freiheitsverlust führe; nach dem zweiten geht sie auf ein angeborenes Unvermögen des Verstandes zur Selbstregierung sowie unmenschliche und barbarische Sitten zurück. Die verschiedenen Formen der Herrschaftsverhältnisse – des Vaters über den Sohn, des Mannes über die Frau, des Herrn über die Sklaven, des Richters über die Bürger, des Königs über die Völker, die seiner Herrschaft unterworfen sind – wurzeln im Naturrecht, das, wie die Weisen lehren, auf ein einziges Prinzip und Dogma zurückgeht: „Die Befehlsgewalt und Herrschaft des Vollkommenen über das Unvollkommene, der Stärke über die Schwäche, der erhabenen Tugend über das Laster" (Sepúlveda: Democrates, 20). Wer diesem Prinzip nicht freiwillig Folge leisten möchte, der könne dazu mit Gewalt legitimerweise gezwungen werden, etwa im Rahmen eines gerechten Krieges, wie die Philosophen lehren, wofür Sepúlveda nun eine Stelle aus der *Politik* des Aristoteles paraphrasiert: „Daher wird auch die Kriegskunde in gewissem Sinne von Natur eine Erwerbskunde sein. Denn die Jagdkunst ist ein Teil von ihr, und sie kommt teils gegen die Tiere, teils gegen solche Menschen zur Anwendung, die von Natur zu dienen bestimmt sind, aber nicht freiwillig dienen wollen, so dass ein solcher Krieg dem Naturrecht entspricht" (ebd., 22; Aristoteles: Politik I,8).

Unter Berufung auf Aristoteles stuft Sepúlveda dann alle Einwohner der Neuen Welt bezüglich Klugheit, Scharfsinn, allerlei Tugenden und menschlichen Gefühlen im Vergleich mit den Spaniern als so unterlegen ein „wie die Kinder den Erwachsenen, die Frauen den Männern, die grausamen und inhumanen Menschen den sehr sanften, die äußerst Unbeherrschten den Beherrschten und Maßvollen", kurzum: Alle Indios sind für ihn *homunculi*, barbarische Menschenfresser wie die Skythen der Antike, schwache Geschöpfe einer niederen Kulturentwicklung, die kaum eine erwähnenswerte Kulturleistung zustande gebracht hätten und die man folglich, laut Aristoteles, wenn sie sich freiwillig nicht unterordneten, wie Tiere zu jagen habe.

Wenn einige von ihnen, wie etwa die Völker Mexikos, genug Geschick zu besitzen schienen, um manche handwerkliche Tätigkeiten mit einer gewissen Kunstfertigkeit zu verrichten, so sei dies dennoch kein hinreichendes Argument gegen die obige Einschätzung; denn auch gewisse Tiere wie die Bienen und die Spinnen vermöchten Kunstfertigkeiten zu verrichten, die kein menschliches Geschick nachzuahmen imstande sei. Und dass einige Indios über Häuser und ein gewissermaßen vernünftiges politisches Regiment in ihren Königreichen verfügten, zeige schließlich nur, dass sie keine bloßen Bären oder Affen bar jeder Vernunft seien. Sie sind außerdem überaus feige und schüchterne Wesen, die der aggressiven Gegenwart der Christen kaum Widerstand zu leisten vermögen, ja, zu Abertausenden sind sie wie Frauen panikartig geflüchtet, nachdem sie von einer kleinen Schar Spanier besiegt worden waren. Als Sklaven von Natur müssten sie sich bereitwillig den Spaniern unterwerfen, denn nur so könnten sie sich weiterentwickeln (Sepúlveda: Democrates, 19ff, 33ff) – wobei bei der Sprachwahl von Sepúlveda eher unwahrscheinlich ist, dass die Indios für ihn jemals, jedenfalls nicht in absehbarer Zeit, mehr sein könnten als zweibeinige „Bienen und Spinnen".

Francisco López de Gómara wird schließlich 1552 im Vorwort seiner Siegergeschichte *Hispania victrix* (156) festhalten, die Indios seien mit Ausnahme der Hautfarbe zwar dieselben Menschen wie wir, denn wenn es sich um wilde Tiere und Ungeheuer handelte, könnten sie nicht von Adam abstammen, wie es der Fall sei; aber zugleich betont er die Minderwertigkeit der Fauna und Flora der Neuen Welt, sowie dass die Indios ob ihrer ungeheuerlichen Sünden wider das göttliche Gesetz und das Naturrecht allesamt Barbaren oder Sklaven von Natur seien. Auch wenn die „Einheit des Menschengeschlechts" nie ernsthaft angezweifelt wurde, wurden letztlich die Indios von vielen für einen minderwertigen Teil der Menschheit gehalten.

Der christliche Humanist Las Casas

Anders als Vitoria und Sepúlveda kannte Las Casas die Neue Welt (die Karibik und Zentralamerika) aus eigener Erfahrung. Zwischen 1502 und 1547 war er fünf Male zwischen Spanien und Westindien hin- und hergesegelt. Seit seiner Bekehrung 1514 hatte er nicht aufgehört, für eine Besserung der Lage der Indios zu kämpfen – manchmal auch, wie bei den afrikanischen Sklaven, mit Vorschlägen, die er später als falsch erkannte und tief bereute. Nach seinem Eintritt in den Predigerorden 1522 hatte er zunächst geschwiegen und sich dem Studium und der Seelsorge gewidmet. Aber ab 1531 sandte er an den Indienrat und den Hof viele Briefe und Denkschriften zur Verteidigung der Indios. Nach der kurzen Erfahrung als Bischof in Chiapa und dem Scheitern bei der Durchsetzung der Neuen Gesetze kehrte er 1547 definitiv nach Spanien zurück. Von nun an hatte er nur ein Ziel: die Argumente derjenigen wie Sepúlveda zu entkräften, die Conquistas und Encomiendas schönfärben wollten. Zum besseren Verständnis seines Standpunktes in der Kontroverse sind einige Vorbemerkungen nötig:

Las Casas war ein wahrhaft christlicher Humanist. Nicht nur, weil er die Autoren der griechischen und römischen Antike sehr gut kannte und mit gesundem Menschenverstand interpretierte, sondern vor allem aufgrund der Motive, die er angab, um sich an der kolonialethischen Debatte zu beteiligen: „Im Bewusstsein dessen, dass ich Christ, Ordensbruder, Bischof, Spanier und Untertan der Spanischen Könige bin, *konnte ich es nicht lassen, das Schwert meiner Feder zur Verteidigung der Wahrheit, der Ehre des Hauses Gottes und des sanften Evangeliums Jesu Christi zu schwingen* [...] Aus all diesen Gründen sehe ich mich gezwungen, mich wie eine Mauer gegen die Unfrommen zu stellen, um jene sehr unschuldigen Völker zu verteidigen, die demnächst in das wahre Haus Israels eingeführt werden sollten, aber von grausamen Wölfen unaufhörlich verfolgt werden" (OC 9: 72f). Selbstverständlich sind die Indios für Las Casas unsere Nächsten, die wir wie uns selbst zu lieben und zu achten haben. Aber er verleiht diesem Prinzip eine konkrete, spirituelle Tiefe, wenn er in Anlehnung an die Gerichtsrede Jesu im Kapitel 25 des Matthäusevangeliums in den Indios „Jesus Christus" sieht, den man „nicht einmal, sondern tausendfach geißelt, quält, ohrfeigt und kreuzigt" (WA 2: 291), bzw. „unsere Brüder, für die Christus sein Leben hingegeben hat" (OC 9: 664).

Las Casas war ein ruheloser, unerschrockener, leidenschaftlicher Verteidiger der Sache der Indios, weil er seit seiner Bekehrung im Jahr 1514 von der Gerechtigkeit derselben überzeugt war und dies daher seinem Gewissen schuldete. So schreibt er 1558 über sich selbst: „Als Bestärkung dessen fand er dazu alles, was er las, von Vorteil; pflegte zu sagen, seit Beginn der Aufhellung seiner finsteren Ignoranz habe er kein Buch in Latein oder Spanisch gelesen, deren in den 44 Jahren unzählige waren, in dem er nicht Grund oder Beleg gefunden hätte, um die Gerechtigkeit jener indianischen Völker zu beweisen und zu bewahrheiten, und die Ungerechtigkeiten, die Übel und Schäden, die man an ihnen vollbracht hat, zu verdammen" (WA 2: 263). Wenn er immer wieder die Indios als „inocentes" bezeichnet (WA 2: 135; OC 10: 86), dann meint dies nicht primär bukolische Unschuld, sondern es handelt sich um einen terminus technicus vor dem Hintergrund der Theorie des gerechten Krieges: die Indios sind uns gegenüber unschuldig, weil sie uns vor unserer Ankunft kein Unrecht zugefügt, also keinen gerechten Kriegsgrund gegeben haben.

Las Casas hatte die von den Hunden und den Waffen der Spanier zerfleischten Leiber der Indios mit Entsetzen und Mitleid wahrgenommen. Um einen Sturm der Entrüstung zu entfachen, beschrieb er die Schrecken des Krieges – nicht anders als Goyas Pinsel dreihundert Jahre danach oder die modernen Kriegberichterstatter – mit einer empathischen Feder, die Kompassion mit den Opfern und Entsetzen über das Wüten von „Christen" wecken wollte; denn er wusste mit Aristoteles, dass „nur das Leid, das vor Augen liegt, bemitleidet wird" (WA 3/1: 345; Aristoteles: Rhetorik II,8).

Las Casas klagte, wie oben bereits angemerkt, einen Perspektivenwechsel ein. Er fragte sich z.B., ob die Verleumder der Indios so sprechen würden, „wenn sie selbst Indios wären" (OC 9: 604).

Die Vorwürfe gegen die Barbarei der Indios sowie die Argumente Vitorias und Sepúlvedas für eine humanitäre Intervention liefen im Grunde auf eine Rechtfertigung der Conquistas und Encomiendas hinaus. Gegen all das wird Las Casas leidenschaftlich argumentieren und die „Wahrheit des Anderen", die Wahrheit über die indianischen Religionen und Kulturen verteidigen, die für ihn „das genaue *Gegenteil*" der Verleumdungen ist (WA 2: 443). Wir wollen uns nun darauf beschränken, seine Kritik am „aristotelischen" Argument (die Indios als „Sklaven von Natur") im Werk *Apologética historia sumaria* (Kurze apologetische Geschichte) zu erörtern, eine Kritik, die er betreibt, indem er sich auf Aristoteles selbst stützt und zu verstehen gibt, dass der Aristoteles-Kenner Sepúlveda diesen falsch interpretiert habe.

Eine vergleichende (apologetische) Ethnographie

Am Anfang erörtert Las Casas die Beschaffenheit und Fruchtbarkeit der natürlichen Umwelt (Kap. 1–22) sowie den Einfluss des Klimas, die Lage der verschiedenen Regionen, die Ordnung der Gliedmaßen und der äußeren und inneren Sinnesorgane, die Milde und Lieblichkeit der Klimazonen, das Alter der Eltern, die gute und gesunde Art der Speisen (Kap. 23–39), die Mäßigkeit im Essen und Trinken, die Enthaltsamkeit bei den sinnlichen Regungen, das mangelnde Verlangen nach weltlichen und zeitlichen Dingen und die fehlende Sorge um sie, das Fehlen der von den seelischen Leidenschaften bewirkten Verwirrungen wie Zorn, Freude, Liebe usw. (Kap. 27–28). Nach all diesen Kriterien schneidet für Las Casas die Neue Welt sogar besser als die Alte ab. Eventuelle Unstimmigkeiten – einige ungünstige Klimazonen z.B. – bei diesem Verfahren löst Las Casas mit Hilfe seiner Glaubensprämissen, wonach die göttliche Vorsehung dafür gesorgt hat, dass alle Menschen mit den physischen und psychischen Bedingungen ausgestattet werden, die zum Erreichen ihrer Bestimmung, der Glückseligkeit, nötig sind (OC 6: 439).

In einem zweiten Schritt will Las Casas beweisen, dass die Indios allesamt „ebenfalls klug und von Natur mit den drei Arten der Klugheit begabt sind, die Aristoteles anführt, nämlich der monastischen, der ökonomischen und der politischen" (WA 2: 344: Kap. 40–262). Dabei werden der grundsätzlichen Erörterung der Klugheit (Kap. 40–41) wie der monastischen (Kap. 42) und ökonomischen (Kap. 43–44) Klugheit wenige Kapitel gewidmet, während der politischen Klugheit ganz besondere Aufmerksamkeit (Kap. 45–262) geschenkt wird. Zur politischen Klugheit gehört nach Aristoteles, wie Las Casas richtig anmerkt, das Vorhandensein von sechs Teilen, die bewirken, „dass jedes Gemeinwesen sich selbst genügt und zeitliche Glückseligkeit gewährt, nämlich: Bauern, Handwerker, Krieger, Wohlhabende, Priesterschaft (deren allgemeine Aufgabe es ist, sich mit der Religion, den Opfern und allem, was den Gottesdienst betrifft, zu befassen), Richter und Gerichtsräte sowie die Leute, denen die gute Führung der Staatsgeschäfte obliegt" (WA 2: 344). Las Casas' Interesse gilt besonders der „Priesterschaft" (Kap. 71–194) und den Richtern (Kap. 195–262), während die Bauern (Kap. 59–60), die Handwerker (Kap. 61–65), die Krieger (Kap. 66–68) und die Wohlhabenden (Kap. 69–70) sozusagen pflichtmäßig abgehakt werden.

Die Methode, die Las Casas hierzu anwendet, ist *deduktiv, induktiv* und *vergleichend* zugleich: *deduktiv*, weil er anhand des Naturrechts, der Lehre des Aristoteles wie der christlichen (thomanischen) Theologie eine Gott-, Welt- und Menschenhermeneutik entwickelt, mit deren Hilfe er dann die indianischen Kulturen anders als die Verleumder interpretieren kann; *induktiv*, weil er, um diese Interpretation leisten zu können, auf das ethnographische Material zurückgreift, das fleißige Missionare vor Ort über die verschiedenen indianischen Kulturen gesammelt haben (Las Casas hatte, mit Ausnahme Españolas, kaum eine dauerhafte Alltagserfahrung mit indianischen Stämmen gemacht; für Mexiko und Peru war er daher auf verlässliche Informationen angewiesen); *vergleichend* schließlich, weil er die mit Hilfe der deduktiven wie induktiven Methode verstandenen indianischen Kulturen vornehmlich mit den klügsten Völkern der Antike (den Griechen und den Römern), aber auch mit manchen christlichen Völkern konfrontiert und die Überlegenheit der ansonsten für minderwertig gehaltenen indianischen Völker in der Befolgung der Regeln der natürlichen Vernunft herausstellt, wenn sie auch den Zivilisationsgrad der damals als *societas perfecta* geltenden *societas christiana* nicht erreichten. Durch diese Verbindung von empirisch gesammeltem ethnographischem Material mit einer Verstehenstheorie (thomanisch-aristotelischer Prägung) und einer vergleichenden Dimension kann die *Kurze apologetische Geschichte* als die erste „vergleichende Ethnographie" des Entdeckungszeitalters bezeichnet werden. Um einen Eindruck von der Materialfülle antiker Kulturen zu vermitteln, die Las Casas in den Vergleich einbezieht, genügt wohl hier zu sagen, dass er über 3030 Zitate von mehr als 202 verschiedenen Autoren, die biblischen Belege nicht mitgezählt, verwendet.

Am Ende seines Werkes kann Las Casas schlussfolgern, was er zu beweisen trachtete, dass die Indios nämlich als vernunftbegabte Wesen, als Angehörige derselben Spezies Mensch „wie wir", durchaus zivilisations- und glaubensfähig, ja dazu sogar besser als andere Völker der Alten Welt geeignet sind (Kap. 263). Las Casas hat noch vier weitere Kapitel hinzugefügt (Kap. 264–267), eine spanische Übersetzung der ersten fünf Kapitel seiner lateinischen *Apologia*, um klarzustellen, dass die Indios keine Barbaren im engen aristotelischen Sinn, also keine „Sklaven von Natur", ja nicht barbarischer als wir sind, wenn man vom fehlenden Christentum absieht. Ein Barbar ist erstens jeder Mensch, der wider die Vernunft und das Naturgesetz handelnd sich zum allerschlimmsten Lebewesen entwickelt, was auch bekanntlich unter „Zivilisierten" vorkommen kann. Zweitens gilt als Barbar, wer eine fremde Sprache spricht, keine Schriftsprache hat oder einer uns fremden Kultur angehört. Barbaren im engen aristotelischen Sinne des Wortes sind aber drittens nur solche, die Monstern gleichen und wie wilde Tiere leben, ohne jedes politische Regiment; diese dritte Art sei aber äußerst selten im Menschengeschlecht anzutreffen. Die Indios gehören zur zweiten Gruppe, wobei nach diesen Kriterien – fremde Sprache usw. – wir für sie genauso Barbaren sind wie sie für uns. Eine vierte – nun rein theologische – Barbarenklasse führt Las Casas noch ein, nämlich das Heidentum als „unentschuldbares Fehlen" des christlichen Glaubens. Doch treffe dies auf die Indios nicht zu, da ihr Unglaube kein positiver – bewusste Ablehnung des richtig verkündigten Evangeliums – sei, sondern nur ein rein negativer, der lediglich im Fehlen des Glaubens mangels Kenntnis desselben bestehe (WA 2: 495–512).

Die interessantesten Aspekte des Werkes sind wohl darin zu sehen, dass und wie Las Casas auf dem Hintergrund einer schöpferischen Rezeption des naturrechtlichen und des thomanisch-aristotelischen Denkens die indianischen Religionen und Kulturen „neu interpretiert". Man könnte sagen, dass Las Casas von zwei unverrückbaren „anthropologischen Konstanten" ausgeht: von dem natürlichen Verlangen des Menschen nach dem wahren Gott und von der politischen Natur des Menschen. Dies hilft ihm, die innere Logik fremder Religiosität samt Götzendienst und Menschenopfer als Ausdruck eben dieses Verlangens grundsätzlich positiv zu verstehen, nicht primär als dämonische Erscheinung und unentschuldbare Verfehlung gegen den wahren Gott; und hinter jeder indianischen Lebensart vermutet er auch eine Logik, also durchaus zivilisierte Gesellschaftsstrukturen, auch wenn sie für uns auf den ersten Blick nicht als solche erkennbar sind und barbarisch anmuten.

Wo Sepúlveda den außereuropäischen Barbaren die zivilisierten europäischen Christen entgegenstellt, um den natürlichen Herrschaftsanspruch der letzteren über die ersteren hervorzuheben, stellt Las Casas der christlich-abendländischen Zivilisation eine andere Art von gleichberechtigter Zivilisation gegenüber: eine zwangfreie interkulturelle Begegnung mit gegenseitiger Lernbereitschaft und nicht der Aufbau kolonialer Herrschaftsstrukturen ist sein Anliegen.

Las Casas interpretiert Aristoteles anders als Sepúlveda, weil er den Philosophen dem naturrechtlichen Universalismus sowie dem schöpfungstheologischen Dogma der Einheit, d.h. „Gottebenbildlichkeit" des Menschengeschlechts unterordnet. Las Casas entwirft letztlich eine „Anthropologie des Glaubens" (Delgado, Las Casas).

Die *Politik* des Aristoteles stellt bekanntlich „die erste im vollen Sinne diskursive Theorie des Politischen" dar. Sieht man davon ab, dass sie nicht zuletzt der Legitimation des Herrschaftsanspruchs der Hellenen über die als Sklaven von Natur betrachteten asiatischen Barbaren im Schatten des Eroberungszugs Alexanders diente, so kann man wohlwollend sagen, dass Aristoteles im Grunde für „ein differenziertes Herrschaftsverhältnis" (von der despotischen Tyrannei bis hin zur idealen „Polis-Regierung", die als eine auf das Gemeinwohl gerichtete Regierung über Freie sowohl politische Unterdrückung wie auch Ausbeutung ausschließen soll) plädiert und eine „po-

litische Anthropologie" skizziert, „die in der epochemachen-
den These von der politischen Natur des Menschen gipfelt",
einer Natur, die im Menschen „historisch betrachtet zunächst
nur potentiell vorhanden ist und erst im Laufe eines Entwick-
lungsprozesses nach und nach zutage tritt" (Höffe, 261f, 268).
Während Aristoteles aber die Barbaren oder Sklaven von Natur generell von diesem Entwicklungsprozess ausnimmt, da es
ihnen an der Fähigkeit zur selbständigen Urteilskraft mangele,
ist Las Casas der Überzeugung, dass Ausnahmen von dieser
Regel äußerst selten im Menschengeschlecht vorkommen können, und wenn schon, dann nicht weniger bei den Zivilisierten
als bei den sogenannten Barbaren oder Wilden.

Alle Menschen sind für den historischen Prozess von Zivilisation und Glauben, auf den sie seit Anbeginn der Schöpfung hingeordnet sind, potentiell geeignet. Die anzutreffen-
den Unterschiede (warum die einen früher und die anderen
später diese Bestimmung erreichen) werden in dieser evolu-
tiven Sicht auf historisch-kulturelle und nicht auf natürliche
Ursachen zurückgeführt. Andernfalls hätte sich ja die göttliche Vorsehung geirrt, die im Prinzip – Las Casas betrachtet
hier die Vorsehung als eine Art „verteilende Gerechtigkeit",
die alle mit dem für ihr Heil Notwendigen versieht – „alle
Menschen" mit Vernunft und freiem Willen ausgestattet hat.
Diese Sicht ist bei Las Casas nicht Zeichen eines vermeintlichen Unvermögens, zu einem „differenzierten Menschenbild"
zu kommen, wie ihm immer wieder vorgehalten wird; denn er
sagt ja wiederholt, dass es bei den Indios verschiedene Kul-
tur- und Zivilisationsgrade gibt. Vielmehr ist sie Ausdruck
einer „Anthropologie des Glaubens", die von der prinzipiel-
len Wahrheits- und Freiheitsfähigkeit, Gleichheit, Güte und
Perfektibilität aller Menschen ausgeht, denn für alle gilt die
eschatologische Bestimmung der Gottebenbildlichkeit. Diese

„Anthropologie des Glaubens" nähert sich in vieler Hinsicht dem naturrechtlichen Universalismus der Stoa an. Daher kann Las Casas mit Hilfe Ciceros und Thomas' seine „Anthropologie des Glaubens" in folgendem Manifest zusammenfassen:

„Alle Völker der Welt bestehen ja aus Menschen, und für alle Menschen und jeden einzelnen gibt es nur eine Definition, und diese ist, dass sie vernunftbegabte Lebewesen sind; alle haben eigenen Verstand und Willen und Entscheidungsfreiheit, *weil sie nach dem Ebenbild Gottes geschaffen sind* ... So gibt es denn ein einziges Menschengeschlecht, und alle Menschen sind, was ihre Schöpfung und die natürlichen Bedingungen betrifft, einander ähnlich, und niemand wird bereits unterrichtet geboren" (WA 2: 377).

Man kann dies natürlich für einen „frommen Wunsch" halten, der durch die Erfahrung des Bösen tagtäglich widerlegt wird. Das ist aber nicht der Punkt, denn Las Casas wusste auch bei allem anthropologischen Optimismus von der Macht der „Sünde". Doch dies macht sein Manifest genauso wenig obsolet, wie die Verletzung der Menschenrechte die Menschenrechtserklärung *ad absurdum* führt. Entscheidend ist, dass Las Casas unter Rückgriff auf die Schöpfungstheologie wie auf das universalistische Naturrecht ein Menschenbild idealtypisch verteidigt, das im Prinzip allen Völkern einen gleichberechtigten Platz in der Welt zuweist. Ein solches Menschenbild ist die Bedingung der Möglichkeit einer postkolonialen partnerschaftlichen Weltordnung, wie sie heute intendiert wird.

Und dennoch ist Las Casas' Apologie nicht frei von einer advokatorischen Idealisierung des Anderen, weil er nicht nur die Vorwürfe der Verleumder sachlich entkräftet, sondern darüber hinaus vielfach eine Umkehrung des kosmologischen, psychologischen und politischen Determinismus betreibt. So wenn er die Naturbedingungen der Neuen Welt zumeist für lebensfreundlicher als die der Alten hält oder die Indios vieler Stämme körperlich für besser proportioniert, so dass ihre Körper-Geist-Relation eine günstigere sei, viele indianische Völker schließlich für politisch klüger sowie für das Christentum besser geeignet als die meisten der Alten Welt. Das führt uns unausweichlich zu der Frage, ob Las Casas im Endergebnis das negative Vorurteil seiner Gegner durch ein positives ersetzt und den modernen Mythos vom „edlen Wilden" vorwegnimmt. Davon können wir bei Las Casas aber nur reden, wenn wir seinen „edlen Wilden" von dem der Aufklärung und Romantik grundsätzlich unterscheiden.

Im humanistischen Entdeckungszeitalter kehrten viele Motive wieder, die schon im Schatten antiker Expansionen eine Rolle spielten: so der Mythos vom „Goldenen Zeitalter", der zwar nicht einen Gegensatz zwischen Natur und Kultur bedeutet, doch die Kulturgeschichte nicht zuletzt als eine Verfallsgeschichte, ausgehend von einem „primitiven" glücklichen und harmonischen Zeitalter, betrachtet. Manche Züge dieses „Primitivismus" sind in der Tat bei Las Casas und vor allem bei Vasco de Quiroga und den Franziskanern Neuspaniens im 16. Jahrhundert vorhanden, wenn sie die Indios mit Worten loben, die aus ihnen quasi ein „engelgleiches Geschlecht" (*genus angelicum*) machen: „denn da sie von dieser Welt nur das nahmen, was für sie lebensnotwendig war, hatten sie dies im Überfluss, ohne Sorgen und Ängste, ohne Zwistigkeiten und ohne jemandem etwas wegzunehmen, vielmehr lebten sie ganz ruhig und still, liebevoll, friedlich und froh." Doch gleichzeitig wird Las Casas unmissverständlich hinzufügen: „Oh, welch glückselige Leute wären sie gewesen, wenn sie [den wahren] Gott gekannt hätten!" (WA 2: 365).

Während dem edlen Wilden der Aufklärer nichts fehlt, sieht Las Casas bei allem Primitivismus im christlichen Glauben eine notwendige Vervollkommnung der menschlichen Natur. Darin ist Las Casas ein thomanischer Anthropologe des Glaubens geblieben. Er betont, besonders bei den Indios, eher die Kooperationsnatur als die Konfliktnatur (Hobbes) des Menschen, weil er bei aller Macht der Erbsünde doch von der eschatologischen Bestimmung des Menschen ausgeht. Mit der thomanischen Tradition hält Las Casas daran fest, dass die göttliche Gnade die Natur voraussetzt und vervollkommnet, zur Vollendung bringt, sie aber nicht verwirft oder zerstört. Von Las Casas und den Bettelbrüdern des 16. Jahrhunderts führt also keine direkte Linie zum edlen Wilden der Aufklärer.

Die Wirkungsgeschichte

Im Allgemeinen kann gesagt werden, dass sich Las Casas' anthropologische Hauptthese von der Zivilisations- und Glaubensfähigkeit aller Völker durchsetzen konnte, während die These, dass die Indios insgesamt keine Barbaren, sondern eher das Gegenteil davon seien, nicht einleuchten sollte. Der Franziskaner Bernardino de Sahagún, der größte Ethnograph der aztekischen Kultur, von dem Tzvetan Todorov (260–284) zu verstehen gibt, er habe die Indios gekannt, während Las Casas sie eher geliebt habe, wird um 1570 unmissverständlich betonen, dass die Indios „unsere Brüder sind, hervorgegangen aus dem Stamm Adams wie wir; sie sind unsere Nächsten, die wir verpflichtet sind zu lieben wie uns selbst". Er wird sich zwar auf den Streit, ob die Azteken vor der Begegnung mit den Christen „Wilde" oder „Zivilisierte" waren, nicht einlassen wollen; er hält aber nach dem historisch-evolutiven Schema dezidiert fest, dass sie jetzt, also nach der Bekehrung, jedenfalls keine Barbaren sind: „Wie immer die alte Zeit auch gewesen sein mag, durch Erfahrung sehen wir jetzt, dass sie zu allen Handwerkskünsten befähigt sind und sie ausüben. Sie sind auch geschickt beim Erlernen aller geistigen Künste und der heiligen Theologie, wie man aus der Erfahrung mit jenen gesehen hat, die in diesen Wissenschaften unterrichtet wurden." Und er fügt hinzu: „Sie sind denn auch nicht weniger für unser Christentum geeignet, wenn sie nur in ihm gebührend ausgebildet würden" (Sahagún, 5f).

Den größeren ethisch-praktischen Einfluss bei der Gestaltung des Kolonialsystems wird aber José de Acosta um 1600 mit seiner „differenzierten" Anthropologie ausüben. Für Acosta (De procuranda 1, 60) „ist Indio und Indio nicht dasselbe, um es mit Humor zu sagen, und es gibt Barbaren, die anderen Barbaren vieles voraus haben". Konkret spricht er von drei verschiedenen Arten von Barbaren, wie die neuentdeckten Heiden allgemein genannt wurden: Zum ersten Typ gehören die Chinesen, Japaner und die meisten Völker der ostindischen Provinzen; ihnen bescheinigt er, sie seien genauso zivilisiert wie die Europäer, denn sie haben „feste Regierungsordnungen, staatliche Gesetze, befestigte Städte, hochangesehene Beamte, einen blühenden, wohlorganisierten Handel und – was noch wichtiger ist – den anerkannten Gebrauch der Schrift." Zum zweiten Typ gehören die Indios der Hochkulturen Mexikos und Perus. Sie kannten zwar keine Schrift, hatten aber ein wohlgeordnetes politisches Regiment und einen prunkvollen Götterkult mit Priestern und Tempeln. Zum dritten Typ gehören die meisten indianischen Völker, die ohne Gesetz und König, ohne Verträge und Verwaltung und auch ohne einen organisierten Götterkult leben. Diese sind nun die „Sklaven von Natur", von denen Aristoteles sagt, dass sie wie Tiere gejagt und gezähmt werden dürfen. Alle drei Arten von Barbaren sind zwar lern- und „glaubensfähig", doch muss die katechetische Methode jeweils anders gehandhabt werden und besonders bei der dritten Gruppe einen paternalistischen Zwang einschließen.

Acosta (ebd., 272) will den Streitgeist hinter sich lassen, der wie ein dichter Nebel das Licht der Wahrheit verfinstert; er erteilt der Rechtfertigung religiöser und weltlicher Expansion durch Sepúlveda eine deutliche Absage, indem er die Unzivilisiertheit mancher Menschen auf Erziehung und Gewohnheit, nicht aber auf die Geburt zurückführt (ebd., 148–156). Er meint, dass Spanier und Indios gemeinsam und gleichberechtigt das Staatsvolk im spanischen Reich bilden: „Alle haben denselben König und sind denselben Gesetzen unterworfen." Dann aber fügt er hinzu, dass nach Aristoteles die mit intellektuellen Fähigkeiten Begabten führen und die lediglich handwerklich Geschickten sich führen lassen sollen. So soll es nun zwischen Spaniern und Indios auch sein, die ersten sollen die zweiten, wenn notwendig, hart anpacken, aber nie unmenschlich unterdrücken; sie sollen sich gegenseitig helfen, denn der Staat funktioniere nur, wenn die einen ihre Augen zum Sehen leihen, und die anderen ihre Füße zum Gehen (ebd., 516ff).

Las Casas befürwortete das ideale „Sollen". Acosta hingegen beschrieb das im Schatten des Kolonialismus realpolitisch Machbare. Seine Theorie, wie sie von den Jesuiten in den Reduktionen verwirklicht wurde, stellte angesichts der realpolitischen Tatsachen nach dem totalen spanischen Sieg ab 1572 „den für Europäer möglichen und für Indios günstigsten Plan" dar (Milhou, 289).

Eine Apologie fremder Religiosität

Es war schon davon die Rede, dass Las Casas die indianischen Religionen als Ausdruck der natürlichen Sehnsucht nach dem wahren Gott grundsätzlich positiv interpretiert. Nun wollen wir seine Beurteilung von Götzendienst und Menschenopfern näher betrachten. Um die Tragweite der lascasianischen „Innovation" im Verständnis der indianischen Religionen zu ermessen, darf man nicht vergessen, dass für die Europäer der Renaissance, sowohl für die Katholiken als auch für die Protestanten, folgendes generell galt: auch wenn sie im Zusammenhang mit Heiden, Muslimen und Juden von „Religion" und „Glauben" sprechen, sind wahrer Glaube und wahre Religion für sie nur im Christentum vorhanden, während bei den anderen nur „Götzendienst" und „Aberglaube" bzw. falsche Religion herrschen können. Die Innovation des Las Casas liegt darin, dass er einen hermeneutischen Ansatz entfaltet, der Würde und Logik indianischer Religiosität gerecht wird.

Nach der scholastischen Lehre des natürlichen Verlangens (desiderium naturale) nach dem wahren Gott kann der Mensch mit dem Licht der natürlichen Vernunft erkennen, „dass" es einen Gott gibt, nicht aber „was" oder „wer" er sei. Die Ursprünge dieser Lehre gehen auf die Bibel zurück (Röm 1,19–20), sie erhielt aber ihre entscheidende Prägung durch Thomas von Aquin. Demnach gibt es eine „duale" Gotteserkenntnis, die natürliche und die durch den Glaubensakt gnadenhaft erfasste, die einander aber nicht widersprechen, sondern ergänzen, so wie die Gnadenordnung die Naturordnung voraussetzt und zur Vollendung bringt. Wenn aber die „Möglichkeit" (der wahre Gott *kann* mit der natürlichen Vernunft erkannt werden, wenn auch dunkel und konfus) natürlicher Gotteserkenntnis auch als „Notwendigkeit" (der wahre Gott *soll* mit der natürlichen Vernunft erkannt und angebetet werden) verstanden wird, dann folgt daraus, dass Götzendienst „unentschuldbar" ist. Genauso dachte die anklagende Partei, die, sich auf die sichtbaren Zeichen von Götzendienst und Menschenopfern stützend, den Indios vorwarf, „unentschuldbar" den wahren Gott verkannt zu haben und den falschen Göttern gefolgt zu sein. Auch hierfür konnte man sich auf Römer 1,18–23 berufen. Daraus (wie aus Weish 13,1–9 und Ps 96,5) spricht der biblische Zorn gegen Polytheismus und Götzendienst, die aus monotheistischer Sicht für die „Wurzel aller Übel" gehalten werden.

Las Casas geht vom natürlichen Verlangen nach dem wahren Gott aus, hält aber die authentische, d.h. durch die Gnade des Glaubens offenbarte Gotteserkenntnis in den indianischen Kulturen vor der Ankunft der Christen für faktisch unwirksam, da die Indios weder von weisen Philosophen noch von Aposteln über den wahren Gott genügend unterrichtet worden wären. Daher sind für ihn Götzendienst und Menschenopfer der Indios als redliche Ergebnisse der konfusen natürlichen Gotteserkenntnis zu verstehen. Paulus, so Las Casas weiter, beziehe sich im Römerbrief auf die heidnischen Philosophen der Antike, welche die Existenz eines höchsten Gottes wohl erkannt hätten, ihn aber nicht entsprechend anbeteten. Das paulinische „unentschuldbar" sei jedoch nicht auf die „unüberwindliche Unwissenheit" der Indios anwendbar (OC 9: 255–266; WA 2: 381–388).

Denjenigen, die verächtlich behaupten, „Steine" anstelle des wahren Gottes anzubeten (also „Idolatrie" oder Götzenverehrung zu treiben), verstoße gegen die natürliche Vernunft, entgegnet Las Casas mit gesundem Menschenverstand, die wahre Absicht (communis et finalis intentio) der Götzendiener bestehe nicht darin, Steine anzubeten, sondern in ihnen und durch gewisse Erscheinungen der göttlichen Macht den Weltenschöpfer und -beweger zu würdigen, gemäß der fragmentarischen Kenntnis, die sie von ihm besäßen. So bestehe die wahre Absicht der Götzendiener letztlich darin, den wahren

Gott anzubeten, von dem sie mit dem Licht der bloß natürlichen Vernunft wissen, „dass" es ihn gibt, ohne wirklich sagen zu können, „was" er in seinem Wesen letztlich sei (OC 9: 266–271; WA 2: 388–399). Im Schatten des Götzendienstes haben wir es also primär mit authentischer Religiosität zu tun und nicht mit teuflischen Handlungen. Durch die Kritik der Gewalt und der Habgier als der „Götzen" der Christen bekommt Las Casas' Götzendiensttheorie zudem eine überraschende Wende: Der Götzendienst gedeiht auch im Schatten der wahren Religion, wobei der Götzendienst der Christen gravierender ist, denn ihnen war bereits nicht nur die natürliche, sondern auch die übernatürliche Gotteserkenntnis zuteil geworden.

Las Casas ist fest davon überzeugt, man könne den Indios nicht so schnell und mit zwingender Evidenz beweisen, dass die bestialischen Menschenopfer zu Ehren des wahren oder für wahr gehaltenen Gottes wider die bloße natürliche Vernunft seien. Dabei war er sich seiner „Sonderrolle" im 16. Jahrhundert durchaus bewusst. In seinem „Brief an die Dominikaner von Chiapas und Guatemala" von 1564 rühmt er sich, viele Thesen vertreten und bewiesen zu haben, „die vor mir kein Mann zu fassen oder aufzuschreiben wagte". Dazu zählt er die Meinung, „dass es nicht gegen das Naturgesetz oder die natürliche Vernunft ist, wenn diese von jedem positiven menschlichen wie göttlichen Gesetz getrennt ist (seclusa omni lege positive humana vel divina), dem falschen oder wahren Gott (wenn man den falschen für den wahren hält) Menschenopfer darzubringen" (WA 3/1: 501). Da alle Menschen durch die natürliche Tendenz der Vernunft den wahren Gott ersehnen, ihn mit dem Besten, was sie haben, anbeten wollen und die Menschen eben das höchste Gut seien, müsse man bei den Menschenopfern der Indios zuerst von einer rechten Absicht ausgehen. Außerdem glauben die Indios, das allgemeine Wohl und Glück ihrer Gemeinwesen hänge von den Menschenopfern ab, womit es nicht verwunderlich sei, wenn sie in der Not Gott das opfern, was in ihren Augen das Kostbarste und Gottgefälligste sei. So befänden sich diejenigen, die vom Licht des Glaubens noch nicht erreicht wurden und nur der bloßen natürlichen Vernunft folgen konnten, im Zustand einer entschuldbaren Unwissenheit, wenn sie sich freiwillig opfern ließen oder Menschenopfer vollzögen. Die Praxis der Menschenopfer in der biblischen Zeit (Abrahamsgeschichte) und in der vorchristlichen Antike einschließlich des alten Spanien sei auch so zu deuten.

Mit dieser Deutung der Menschenopfer wollte Las Casas vermeiden, dass sie als Vorwand für die Eroberungskriege instrumentalisiert werden, denn in der Rechtstiteldiskussion spielte die „defensio innocentium" (die Verteidigung der Unschuldigen, die den Göttern geopfert wurden, also die Kriegführung aus „humanitären Gründen") eine zentrale Rolle. In einem seiner späteren Werke nuanciert er seine Position: Wenn die Indios nach wiederholter Ermahnung Menschenopfer und Anthropophagie beibehalten und Unschuldige dabei zum Opfer fallen sollten, könnte man sie unter Anwendung eines gemäßigten Zwangs zur Aufgabe solcher Praktiken nötigen. Die Intervention sollte allerdings nur zur Verteidigung der Unschuldigen geschehen und nicht etwa, um die Indios für solche kriminellen Handlungen zu bestrafen oder sie gar als Knechte zu unterwerfen und sie ihrer Güter zu berauben, wie dies in der Tat geschehe; und zuvor sollte genau abgewogen werden, ob die Zahl der Unschuldigen, die der gewaltsamen Intervention letztlich zum Opfer fallen würden, größer sei, als die Zahl, die man vor dem ungerechten Tod zu retten beabsichtige; man müsse aber auch bedenken, ob der Skandal, der aus einer solchen Intervention notwendigerweise entstehen würde, am Ende doch überwiegen und der christlichen Predigt hinderlich sein würde. In einem solchen Falle müsse man, der göttlichen Weisung folgend, von einer derartigen Befreiung der Unschuldigen absehen, wäre doch ein solcher Akt vitiös zu nennen, da er doch gegen die Vernunftregel verstoßen würde, die uns vorschreibt, das kleinere Übel zu wählen. Da Las Casas der Meinung ist, die Menschenopfer der Indios seien weniger schlimm als die Eroberungskriege der Spanier, empfiehlt er, die Menschenopfer (und den Götzendienst) so lange zu dulden, bis sie mittels Überzeugung des Verstandes mit Argumenten und sanfter Ermahnung des Willens mit guten Lebensbeispielen freiwillig aus der Welt geschafft werden können. Den Befürwortern eines gewaltsamen Vorgehens wirft Las Casas vor, sie seien offenbar der Meinung, der Zweck könne die Mittel heiligen (OC 9: 360-421, 478-491; OC 11/1: 432-439).

Las Casas' These im Zusammenhang mit Götzendienst und Menschenopfern steht und fällt mit der vorausgesetzten faktischen Unwirksamkeit einer unentschuldbar verpflichtenden natürlichen Gotteserkenntnis (vgl. Röm 1,18–23). Waren die Indios wirklich aufgrund einer „unüberwindlichen Unwissenheit" entschuldigt? Las Casas ist nicht verborgen geblieben, dass im Hochtal Mexikos der Kulturheros Quetzalcóatl wirksam war, „der [...] nichts von Kriegen, Menschenopfern und anderen dem Gemeinwesen abträglichen Dingen wissen wollte" (WA 2: 402). Auch wenn er sich von seiner Apologie der indianischen Religiosität nicht abbringen ließ, hat er doch immer wieder betont, worum es ihm ging: Er will nämlich nicht in Frage stellen, dass die Indios wie übrigens die Spanier auch vielleicht „vor Gott unentschuldbar" sind, der am Tag des Gerichtes über sie richten wird; wohl aber bestreitet er, dass die Indios „vor den Spaniern unentschuldbar" sind, denn sie haben diesen „nichts angetan". So läuft seine Apologie im Grunde auf eine Widerlegung der Anmaßung hinaus, dass die Christen berechtigt seien, den vermeintlichen „Zorn Gottes" gegenüber den Indios innerweltlich vorwegzunehmen. Es ist kein Wunder, dass Las Casas sich dabei auf das Gleichnis vom Unkraut unter dem Weizen (Mt 13,24–30) beruft (WA 1: 369; OC 9: 398-407; WA 3/1: 83, 306) und die Überzeugung des Verstandes mit Argumenten sowie die sanfte Anlockung und Ermahnung des Willens mit dem Beispiel eines guten Lebenswandels für die einzige evangeliumskonforme Art christlicher Mission hält (WA 1).

Für Las Casas ist das Christentum selbstverständlich die „wahre Religion". Doch durch seine Entdeckung von „authentischer Religiosität" im Schatten des Götzendienstes sowie seine Ablehnung eines innerweltlichen Absolutheitsanspruchs gegenüber den Indios stellt er eine Innovation im Religionsverständnis der Renaissance dar. Seine Apologie indianischer Religiosität gipfelt in der Aussage, dass auch Christen von den indianischen Formen der Gottesverehrung lernen könnten. So schreibt er über die Religion der Azteken: „Und alle Taten und Werke, die sie beim Kult ihrer Götter ausführten, waren derart ehrbar, anständig, frei und rein von jeder Gemeinheit, Schändlichkeit und Unzüchtigkeit, dass – wenn man von den entsetzlichen und blutigen Opfern, die sie darbrachten und die von unserer Religion und dem sanften und leichten Gesetz Jesu Christi verboten werden, und von einigen Zeremonien und Akten absieht, die offenbar den Götzen gewidmet waren – alles übrige es durchaus verdiente, dass es in unserer universalen Kirche ausgeführt und vollzogen würde und dass man es von ihnen lernte" (WA 2: 464).

Las Casas öffnet in der Renaissance bei der Begegnung des Evangeliums mit anderen Religionen und Kulturen reale

Das Bild von N. Albítez gilt als das einzig erhaltene Originalporträt von Las Casas und zeigt ihn 1558 im Alter von 74 Jahren (WA 2: 5).

Möglichkeiten einer echten Inkulturation und nimmt damit die Konzilserklärung über die nicht-christlichen Religionen vorweg: „Die katholische Kirche verwirft nichts von dem, was in diesen Religionen wahr und heilig ist" (*Nostra aetate* 2).

Sepúlveda und Las Casas nach der Kontroverse

Die Art und Weise, wie Sepúlveda und Las Casas die ihnen verbliebene Lebenszeit nach der Kontroverse von Valladolid verbrachten, lässt auch ihren unterschiedlichen Charakter gut zutage treten. Sepúlveda, der Humanist, der seinen Einfluss am Hof verschwinden sah, zog sich auf sein Landgut in der Nähe seines Geburtsortes Pozoblanco (Córdoba) zurück, wo er zusammen mit seinem Bruder „Bartolomé" bis 1573 lebte. Zwischen Obstbäumen und Vogelgesang, Gemüse- und Getreidefelder fand er dort seinen Seelenfrieden und widmete sich der Lektüre antiker Autoren im Originaltext: Aristoteles, Cicero, Livius, Curtius... Von dort pries er – nach humanistischem Brauch – die Einfachheit des Lebens fern vom weltlichen Lärm; er machte sich auf den Weg nach Yuste, um von seinem todkranken Kaiser Abschied zu nehmen, korrespondierte mit Philipp II., um ihm Ratschläge zu erteilen sowie seine Pension als Reichschronist jährlich einzufordern, aber auch mit einflussreichen Freunden, bei denen er sich beklagte, von Las Casas und dem Predigerorden verleumdet zu werden; er bereitete den Druck seiner Briefe und Werke vor, damit die Nachwelt von seinem Ruhme Kunde erhielt. Besorgt um den Fortbestand seines Namens und da er als Kleriker keine direkten Nachkommen hatte, stiftete er ein Majorat für seinen Bruder und dessen Tochter Maria mit der Auflage, dass die Kinder seiner Nichte es nur erben könnten, wenn sie sich ver-

pflichteten, seinen Namen zu tragen sowie das Wappen, das er
noch vor seinem Tode entwerfen werde, zu führen.

Anders der Mendikant Las Casas. In den Jahren zwischen
der Kontroverse und seinem Tod wird er keine Zeit für den
Genuss des einfachen Landlebens finden. Vielmehr entfaltet
er eine ruhelose Aktivität, um seiner advokatorischen Berufung zugunsten der Indios gerecht zu werden. Aus dieser Zeit
stammen die meisten seiner Werke. In seinem Testament hat
er kein Majorat und auch kein Wappen im Sinne, sondern nur
die Ehre Gottes und das Heil der Menschen, die ihm anvertraut
wurden. Weil er die Kolonialpraxis seines geliebten Landes für
einen Frevel hält, befürchtet er, ein strenges Gericht Gottes
über Spanien mitten in der Geschichte stehe bevor. Und weil
er sich nicht sicher ist, für die Indios wirklich alles getan zu
haben, was er gemäß der empfangenen prophetischen Berufung hätte tun sollen, hat er Angst um sein Seelenheil.

Nichts zeigt die Unterschiede zwischen diesen beiden para-
digmatischen Gestalten des 16. Jahrhunderts besser als der Te-
stamentsvergleich: einerseits die eschatologische Stilllegung
von Humanisten, die an ihren Ruhm in „dieser" Welt denken;
andererseits die Gerichtserwartung reformierter Mendikanten.

IV. Die Wahrheit des Christentums

Weil die Wahrheit des Anderen verleumdet wurde, hat Las Casas seine Apologie der indianischen Kulturen und Religionen geschrieben; und weil die Wahrheit des Christentums mit Waffengetöse, Zwangsmission sowie Unterwerfung und Ausbeutung des Nächsten verdunkelt wurde, hat er sein missionstheologisches Werk *Die einzige Art der Berufung aller Völker zur wahren Religion* verfasst – eine eindrucksvolle Apologie des Christentums als Religion der Freiheit, der Gerechtigkeit und der Barmherzigkeit. Da dies oben (vgl. das Kapitel über die Bekehrung) schon mehrmals zur Sprache kam, wird es hier in aller Kürze erläutert.

Die Religion der Freiheit

Die zentrale These, die das ganze Werk wie ein *cantus firmus* begleitet, lautet, dass durch die göttliche Vorsehung nur eine und dieselbe Art, alle Menschen – ohne irgendeinen Unterschied, sei es der Religion und Irrtümer, sei es der Sittenverderbnis – die wahre Religion zu lehren, auf der ganzen Erde und für jede Zeit eingesetzt wurde, „nämlich die Überzeugung des Verstandes durch Vernunftgründe und die sanfte Anlockung und Ermahnung des Willens" (WA 1: 107). Diese These ist die logische Ergänzung des oben zitierten anthropologischen Manifestes, wonach Gott alle Menschen mit Verstand und freiem Willen ausgestattet hat. Der schon durch Augustinus vertretene, in der Kirchengeschichte aber nicht konsequent durchgehaltene Grundsatz, dass der Glaubensakt dem freien Willen entspringt, führt Las Casas zur bedingungslosen Verteidigung einer wirklich zwangsfreien Glaubenspredigt und zu einer Anklage der in der Amerika-Mission faktisch herrschenden Zwangspraxis. Diese hatte vor allem zwei Formen angenommen.

Der Hauptstrom befürwortete, dass die Indios, ob sie es wollen oder nicht, zunächst unter die zeitliche Gewalt des christlichen Volkes gebeugt werden müssen. Nach der Unterwerfung könnte dann unmittelbar die Predigt in der gebotenen Form erfolgen, die die Indios nicht zum Glauben zwänge, „sondern sie mit Vernunftgründen überzeugte und sanft anlockte, nachdem ja durch die besagte Unterwerfung die Hindernisse aus dem Weg geräumt wären" (WA 1: 259). Dies war die Position Sepúlvedas bei der Kontroverse von Valladolid und der faktische Gang der Amerika-Mission: zunächst Unterwerfung, dann Missionierung unter dem herrschenden Zwang. Las Casas nennt diese Sicht die der einzigen Art der Berufung aller Völker zur wahren Religion radikal „entgegengesetzte Art", weil sie „Krieg" bedeutet und eine Situation herbeiführt, in der die Entscheidungsfreiheit beeinträchtigt wird. Abgesehen davon, dass ein solcher Krieg gegen Menschen, die noch niemals etwas über den Glauben oder die Kirche erfahren haben und bisher weder rechtlich noch faktisch den Christen unterworfen waren, „rechtswidrig, ungerecht, frevelhaft und tyrannisch" (WA 1: 305) ist, betont Las Casas, dass Gott nicht die unterwürfige Zustimmung von Sklaven will, sondern die von freien Menschen. Die Befürworter der Verbreitung des Evangeliums mit Waffengewalt nennt Las Casas „Vorkämpfer des Antichrist" (WA 1: 284, 289). Sie sind für ihn solche, die „gemäß der Wirksamkeit des Satans" (2 Thess 2,9) die Kirche Gottes bekämpfen (vgl. Apg 9,21; 1 Kor 15,9; Gal 1,13; Phil 3,6).

Eine andere Form des Zwanges bestand darin, dass Missionare bei der Evangelisierung der Indios nicht selten auf Züchtigungsmethoden zurückgriffen, wie Prügeln, Peitschen, Fesseln, körperliche Strafen oder das Einjagen von Angst. Glaubensboten, die solches tun, so Las Casas, „irren und verschulden sich sehr – auch dann, wenn sie die Macht und Autorität von Bischöfen haben mögen" (WA 1: 331).

Las Casas gesteht den Indios sogar das Recht zu, die christlichen Glaubensapostel und das Christentum ob der unerhörten Neuigkeit seiner Lehre abzulehnen, wie es einst die Juden auch taten, als sie fragten: „Was ist das für eine neue Religion, welche die alte und durch so viele Jahrhunderte bewährte durcheinander bringt? Wie ist es möglich, dass Gott zugleich einig und dreieinig ist, und dass Gott selbst ans Kreuz genagelt wurde?" (OC 9: 266). Nur in einem Falle seien die Indios verpflichtet, der neuen Religion Glauben zu schenken: Wenn sie – wie Las Casas mit Thomas klarstellt – abgesehen von der göttlichen Gnade des inneren Glaubenslichtes durch den Diskurs der Glaubensapostel und durch äußere Wunderzeichen überzeugt werden. Unter Wunderzeichen versteht er nicht so sehr Wunderheilungen jenseits der Naturgesetze, sondern vor allem die untadelige Lebensführung der Glaubensapostel und der übrigen Christen. Dass Las Casas von ihnen erwartet, sanft, bescheiden, freundlich, tugendhaft, voll tätiger Nächstenliebe usw. zu sein, gehört zum klassischen Repertoire der Frommen. Diesem Wunschkatalog stellt Las Casas eine besondere Forderung voran: dass die Glaubenspredigt eindeutig frei von jeder Herrsch- und Habsucht zu sein hat, dass sie also nicht missbraucht werden darf, um Herrschaft über die Neugetauften zu erlangen oder sich auf deren Kosten zu bereichern.

Daher stellt Las Casas am Ende seines Lebens in einem ver-
zweifelten Brief an Papst Pius V. fest: „Ein sehr großes Ärgernis und kein geringerer Schaden für unsere heiligste Religion
bestehen darin, dass sich an jenem [kirchlichen] Neubau Bischöfe, Ordensleute und Kleriker bereichern, und … dies sogar
im großen Stil, während ihre gerade erst bekehrten Untertanen in einer so großen und unglaublichen Armut verbleiben,
dass viele durch Tyrannei, Hunger, Durst und übermäßige Arbeit tagtäglich auf elende Weise umkommen" (WA 3/1: 513).

Die Religion der Gerechtigkeit

Das Eintreten für Gerechtigkeit und Recht, vor allem zugunsten der „Elenden" und Bedrängten aller Art ist ein wesentli-
ches Merkmal der mystischen Erfahrung Las Casas' und seines
prophetischen Wirkens. Dies wurzelt in seiner doppelten Überzeugung, dass die Indios unsere Brüder sind, „für die Christus
sein Leben hingegeben hat" (OC 9: 664), und dass Gott selbst
als Hüter der Gerechtigkeit die Ungerechtigkeit, die Ausbeutung und Unterdrückung des Nächsten zutiefst verabscheut.
Wenn Las Casas daher von der Kirche spricht, hegt er die Vision, dass auch diese „Hüterin der Gerechtigkeit" sein und „in
sich genauso wenig wie in anderen Unrecht" dulden sollte
(WA 3/2: 239). Das bedeutet, dass sich auch die Christen für
den Aufbau einer Welt einsetzen sollten, die der Option Gottes
und seiner Kirche für die Gerechtigkeit entspricht. Wir wissen,
dass Las Casas selbst seine Rolle als Bischof in der alten advokatorischen Tradition – der Bischof als Vater der Armen, als
Ankläger der Ungerechtigkeit und Hüter der Gerechtigkeit –
gesehen hat. Für ihn war es selbstverständlich, dass dies auch
für alle Bischöfe gelten sollte. Daher hat er ein kleines Traktat

geschrieben, um mit Vernunftgründen nachzuweisen, dass die Bischöfe „unermüdlich und unerbittlich" für die Befreiung der Unterdrückten einzutreten haben (WA 3/1: 101–112).

Ausgehend von dieser Vision der Kirche als „Hüterin der Gerechtigkeit" kann Las Casas nicht umhin, die Verfehlungen der Kirche seiner Zeit im westindischen Kontext zu kritisieren. Er kritisiert dabei nicht nur die fehlgeleitete Frömmigkeit der Gläubigen, sondern auch die Praxis der Seelsorger selbst, die Spenden von den Ausbeutern der Indios entgegennahmen: „Alle Ordensleute und Kirchenmänner begehen eine Todsünde, wenn sie irgendwelche Spenden und Gaben von den Encomenderos annehmen, auch wenn sie damit Kirchen und Klöster für den Altardienst bauen, es in Gold, Silber und Schmuck anlegen, Kapläne einstellen oder Kapellen und Begräbnisstätten bauen" (WA 3/2: 382f).

Die Religion der Barmherzigkeit

Oben wurde bereits betont, dass für Las Casas Jesus Christus nicht primär als Ankunft der Gerechtigkeit, „sondern der Barmherzigkeit" in die Welt gesandt wurde (WA 1: 177). Als Las Casas nach einer praktischen Definition des Christentums sucht, findet er sie daher in der Schrift *De vita christiana* (Über das christliche Leben) aus der Zeit des Augustinus: „Jener ist ein Christ, der allen gegenüber Barmherzigkeit übt, der von dem Unrecht an jedem bewegt wird, der es nicht leidet, dass in seiner Gegenwart ein Armer unterdrückt wird, der den Elenden zur Hilfe kommt, der den Notleidenden oft beisteht, der mit den Betrübten betrübt ist, der den Schmerz des anderen wie seinen eigenen fühlt, der durch fremde Tränen zum Weinen gebracht wird" (WA 1: 281). Las Casas denkt dabei nicht nur an die „Werke der Barmherzigkeit", sondern auch an ein Christentum, dem man die Leidensgeschichte der Menschheit, „besonders der Armen und Bedrängten aller Art" (*Gaudium et spes* 1), anmerkt und sich für Gerechtigkeit und Recht einsetzt.

Bischof Bartolomé de Las Casas, ein Christ aus der fernen Konquistadorenzeit, hat im 16. Jahrhundert ein Christentum eingeklagt, wie es nach dem Zweiten Vatikanischen Konzil vielfach selbstverständlich geworden ist:

▸ ein Christentum, das jeden Zwang in religiösen Dingen verabscheut (*Dignitatis humanae* 2);

▸ ein Christentum, das nichts von alledem ablehnt, was in den anderen Religionen „wahr und heilig ist" (*Nostra aetate* 2);

▸ ein Christentum, das das Evangelium als „eine Botschaft der Freiheit und eine Kraft zur Befreiung" (*Libertatis conscientia* 43) versteht;

▸ ein Christentum in der Einheit von Mystik und Politik, das von der Option für die Armen und einem integralen Heilsverständnis geprägt ist (*Lumen gentium* 8);

▸ ein Christentum, das die Autorität der Leidenden anerkennt und vom Hunger und Durst nach der Gerechtigkeit erfüllt ist (*Gaudium et spes* 1);

▸ ein Christentum, das Gott als „Vater des Erbarmens" (*Dives in Misericordia* 2, 2 Kor 1,3) verkündet.

V. Die Wahrheit über Las Casas

Las Casas' Leben und Werk zeigen uns, wie Barmherzigkeit angesichts des Unrechts bzw. inmitten von Leid und Elend entsteht und politisch-theologische Gestalt annimmt. Sie beginnt mit der Öffnung des Herzens zur Kompassion mit fremdem Leid, zu einem Miteinander-Leiden und Mit-Fühlen mit den Opfern, das zu einer „moralischen Unruhe" im Gewissen führt (Sehen). Das unruhig gewordene Herz beleuchtet die Wirklichkeit im Lichte des Evangeliums und des vorhandenen Rechtsbewusstseins, also auf dem Boden des natürlichen, positiven und göttlichen Rechts (Urteilen), und drängt dann zu einem barmherzigen Handeln in Wort und Tat (Handeln): „Es nimmt es auf mit der Not, es weigert sich wegzuschauen. Es kapituliert nicht vor dem Bösen, und es weicht nicht in Utopien aus. Darin findet Barmherzigkeit ihre volle Gestalt, ohne die sie letztlich keine Barmherzigkeit wäre" (Mohr, 68). Wegschauen und Schweigen angesichts des Unrechts wäre für Las Casas „eine Unterlassungssünde gewesen, die außerordentlich schwer gewogen hätte" (Brieskorn, 32).

Sein missionstheologisches Hauptwerk schließt Las Casas mit dem Bibelwort ab: „Wenn der Wandel eines Menschen dem Herrn wohlgefällt, so wird er auch seine Feinde zum Frieden mit ihm bringen" (Spr 16,7: WA 1: 335). Dieser Sehnsucht nach Frieden mit seinen Feinden zum Trotz, ist Las Casas eine der meistverleumdeten Gestalten der Welt- und Kirchengeschichte geworden. Man wirft ihm u.a. folgendes vor: Unbarmherzigkeit gegenüber seinen Landsleuten, mangelndes Gespür für die realpolitischen Tatsachen, willkürliche Absegnung des indianischen Widerstandes, Verantwortung für den Handel mit schwarzen Sklaven, und nicht zuletzt Unwahrhaftigkeit.

War Las Casas unbarmherzig?

Zu den vielen Vorwürfen, die gegen Las Casas zu Lebzeiten wie postum erhoben wurden, ist die unbarmherzige Härte und Strenge gegenüber den Spaniern, seinen Landsleuten, im theologischen Sinn der schwerste. Denn er legt uns nahe, es habe ihm bei seinem Kampf um Gerechtigkeit und Recht das rechte Maß gefehlt; so hätte gerade er, der so gekonnt juristisch argumentierende Verteidiger der Indios, die Rechtsmaxime verletzt, wonach *summum ius, summa iniuria* bedeute, höchstes Recht also höchstes Unrecht sei. Er hätte wissen müssen, dass seine radikalen Restitutionsforderungen nicht zu erfüllen waren und die Gewissensnot vieler Spanier vertieften. Dieser Vorwurf verkennt den homiletischen Charakter des *Handbuchs für Beichtväter* des Bischofs von Chiapa, das ein eindringlicher Bekehrungsappell an die Spanier ist. Las Casas, der die Absolutionsverweigerung 1512 als heilsam empfunden hatte, sah darin ein wirksames Mittel zur Bekehrung der Konquistadoren und Encomenderos.

Las Casas ist sich dessen bewusst, dass er mit seiner Forderung nach vollkommener Restitution der geraubten oder unrechtmäßig erworbenen Güter als Bedingung für die Sündenvergebung im Beichtsakrament eine harte Botschaft verkündet (vgl. Joh 6,61). Hören kann sie nur derjenige, der bereit ist, den schmalen und steinigen Weg zu beschreiten, „der zum Leben führt" (Mt 7,14: WA 3/1: 148.451). Aber ist diese harte Botschaft nicht auch Teil der „Frohen Botschaft" Christi, wie sie seine Kirche durch die Jahrhunderte verkündigt hat? Las Casas untermauert seine Restitutionsforderungen mit einem Text Augustins, der im Kanon „Si res aliena" der Gesetzessammlung Gratians festgehalten wird: „Wer sich für einen Menschen ins Mittel legt, dass er unrecht Entwendetes nicht erstatten soll, und den, der zu ihm kommt, nicht, soweit schicklich, zwingend zur Erstattung verpflichtet, der ist Komplize des Betrugs und Verbrechens. Denn wir handeln barmherziger, wenn wir solchen Leuten unsere Hilfe entziehen, als wenn wir sie ihnen gewähren" (WA 3/1: 157). Und unter Bezug auf den Kanon „Non potest" derselben Gesetzessammlung betont Las Casas: „Man darf ... nicht in der Strenge nachlassen oder Erbarmen mit Verbrechern haben, wenn diese von ihren Verbrechen nicht ablassen und in ihrer unverbesserlich uneinsichtigen Haltung verharren ... Beschenken wir nicht Starrsinnige mit Straffreiheit, denn man darf nicht gegenüber den im Bösen Starrsinnigen Mitleid walten lassen, wie man es gegenüber den Reuigen tut" (WA 3/2: 410). Außerdem darf nicht vergessen werden, dass er im Vorfeld der Neuen Gesetze 1542 Karl vorschlug, den Encomenderos einen (durchaus vernünftigen) Vergleich anzubieten.

Las Casas' Restitutionsforderung ist weniger Ausdruck von unverhältnismäßiger Strenge als vielmehr Zeichen seiner mitleidigen Liebe zu den Tätern, denen er auf dem Boden des moralischen Tutiorismus des Mittelalters („in dubio pars tutior eligenda est", also im Zweifelsfalle ist die moralisch sichere Möglichkeit zu wählen, und die Restitution war eben diese „sichere" Möglichkeit) den Weg zur Umkehr und zum Heil deutlich machen will. Zu seiner Zeit dachten nämlich viele, es genüge zum Heil, wenn man Bußübungen verrichte oder im Testament „Werke der Barmherzigkeit" verfüge, die aus dem unrechtmäßig angehäuften Vermögen finanziert werden sollen. Mit beißender Ironie kommentiert Las Casas diesen Missbrauch von Gottes Erbarmen, dem wir die prunkvolle Ausstattung mancher Kirche in Lateinamerika und Spanien verdanken: „Und wenn sie lange Zeit in einer Einöde bei strengster Bußübung gelebt haben, bekennen sie, dass Gott barmherzig sei und sich erbarme, und meinen deshalb, dass er ihnen die Plünderungen und Übel, die sie gegen Gott und zum Leidwesen von Millionen ihrer Nächsten verübt haben, nicht anrechnen werde; denn sie verfügen in Testamenten und in ihrem letzten Willen, um die Überschreitungen zu sühnen, von den Gütern, die sie zurücklassen, sollen zehn oder mehr Arme gekleidet oder in irgendeinem Kloster ein Altar errichtet werden, an dem drei oder vier Messen pro Woche gelesen werden" (WA 1: 290f).

Irreversible spanische Eroberung?

Es wird auch behauptet, der leidenschaftliche Las Casas habe wohl übersehen, dass die spanische Eroberung ein irreversibles Faktum war. Seine Forderungen nach Wiedereinsetzung der indianischen Herren und Könige sei also naiv und wirklichkeitsfremd gewesen. Von der Irreversibilität der spanischen Eroberung ging in der Tat Francisco de Vitoria bereits 1539 aus, also fünf Jahre nach der Ermordung Atahualpas durch den Haudegen Francisco Pizarro. Vitoria übersah wohl, dass die legitimen Nachfahren Atahualpas im Osthang der Anden Widerstand leisteten, wie es einst die Spanier selbst gegenüber den maurischen Invasoren getan hatten. Nun, gerade dies zeichnet das Denken Las Casas' aus: dass er uns an die Reziprozität und Universalität im Rechtsdiskurs erinnert, so dass wir den anderen nicht verweigern dürfen, was wir selbst gerne in Anspruch nehmen. Die erstaunliche Ähnlichkeit zwischen der maurischen Eroberung Spaniens und dem Widerstand der Christen in den Bergen einerseits und den Ereignissen in den Anden andererseits war ihm nicht entgangen. Um 1564, als er die Wiedereinsetzung der Inkadynastie mit Nachdruck verlangte, hegten Dominikaner in Peru die Hoffnung auf eine Bekehrung der Nachfahren Atahualpas, was für das Missionswerk im Sinn des *cuius regio, eius religio* von größter Bedeutung gewesen wäre. Erst nach dem hinterhältigen Sieg über das Widerstandsnest durch Vizekönig Francisco de Toledo und nach der erbarmungslosen Enthauptung (trotz des Protestes der wichtigsten Vertreter des Welt- und Ordensklerus und einiger Kronjuristen!) von Túpac Amaru I., dem letzten legitimen Inkaherrscher, im Jahre 1572, also sechs Jahre nach Las Casas' Tod, können wir auch für das Inkareich von der Irreversibilität der spanischen Eroberung sprechen. Dies ist wichtig, um die Position von Las Casas richtig einzuordnen.

Immerwährendes Widerstandsrecht?

Las Casas' Verteidigung des Widerstandsrechts der indianischen Völker wird auch häufig im Sinn eines immerwährenden Widerstandsrechts missverstanden und hat ihn postum – er konnte sich ja nicht wehren – zum Kronzeugen von Befreiungsbewegungen aller Art werden lassen.

Las Casas hat gewiss in seinem Testament das Recht der Indios auf einen „gerechten Krieg" bekräftigt: „Alle Ureinwohner und ein jedes Volk, in das wir in Westindien eingefallen sind, sind im vollen Recht, einen gerechten Krieg gegen uns zu führen und uns vom Angesicht der Erde zu vertreiben, und dieses Recht bleibt ihnen bis zum Jüngsten Gericht erhalten" (WA 3/2: 516). Wer diese Worte aber wie Enrique Dussel interpretiert, instrumentalisiert Las Casas für ideologische Zwecke. Für Dussel besagt dies, „dass Las Casas den Befreiungskrieg der Indios gegen die Europäer für einen höchst gerechten Krieg hält – für seine Zeit bis in unsere. Er würde also den Aufstand des mutigen und tüchtigen Túpac Amaru (1746–1781) in Peru oder denjenigen Fidel Castros 1959 in Kuba (in demselben Kuba, wo seine Bekehrung zum Propheten stattgefunden hatte) theologisch unterstützt haben" (Dussel, 32). Abgesehen von der unverblümten Selbstverständlichkeit, mit der hier die christlich erzogenen und der spanischen Krone vertraglich verbundenen Kaziken des 18. sowie die kommunistischen Revolutionshelden des 20. Jahrhunderts für die „Rechtsnachfolger" der unterdrückten und geschundenen Indios des 16. Jahrhunderts gehalten werden, fällt einem schwer, sich vorzustellen, dass Las Casas mit dem nativistischen oder marxistischen Chiliasmus etwas anfangen könnte.

Betrachten wir seine Äußerungen über das Widerstandsrecht genauer, und zwar dort, wo sie am ausführlichsten begründet werden und nicht in der Zusammenfassung seines Testaments, so bleiben sie im Rahmen dessen, was die katholische Lehrtradition unter Widerstandsrecht gegen Tyrannei versteht. Die klassische Lehre des Widerstandsrechts unterschied immer zwischen einem Usurpator oder Tyrannen ohne Rechtstitel *(tyrannuns ex defectu tituli)* und einem legitimen Herrscher, der tyrannisch herrschte *(tyrannus quo ad exercitium).* Nur im ersten Falle durfte der Widerstand bis zum Tyrannenmord gehen, da es sich um einen durch und durch gerechten Krieg handelte. Dies trifft nach Las Casas auf die spanischen Tyrannen in Westindien (gemeint sind die Konquistadoren und Encomenderos) zu, da sie nach keinem legitimen Rechtstitel vorgegangen sind. Dennoch vergisst Las Casas nicht, in der thomanischen Tradition zwei Einschränkungen mit Nachdruck zu betonen: „es sei denn, dass die unterworfene Menge größeren Schaden aus der folgenden Erschütterung erfährt als aus der Tyrannei", und „es sei denn, dass ein Treueversprechen gebrochen würde, das auch Feinden gegenüber eingehalten werden muss" (WA 3/2: 351–363).

Bei seiner Betonung der klassischen Lehre vom Widerstandsrecht hat Las Casas nicht vergessen, an die Vergebungsbereitschaft der Opfer zu appellieren. Durch die Ordensleute „können und sollen" die Indios „überzeugt und gebeten werden, frei und freiwillig all das zu vergeben, was wir ihnen geraubt und was wir ihnen Schlimmes angetan haben". Erst nach einer solchen Vergebung, „und erst dann würde ihr Recht, gegen uns Krieg zu führen, ausgesetzt sein" (WA 3/2: 415 u.a.). Auf Bitten der Missionare leisten viele Kaziken und Völker im Verlauf der Zeit „Treueversprechen" gegenüber der spanischen Krone – genauso wie es der Kazike Enriquillo 1534 auf Bitten Las Casas' getan hatte. Diese Versöhnungsrolle der Kirche ist ein heikles, heute auch in verschiedenen Kontexten sehr aktuelles Thema. Theologie und Kirche müssen kraft ihrer Sendung unablässig dafür eintreten, dass die Armen und Bedrängten schon in dieser Welt Gerechtigkeit erfahren. Sie müssen zu einer Versöhnung ermahnen, die nicht auf Kosten der Opfer zustande kommt. Dies ist nur möglich, wenn, wie Las Casas immer wieder betont, eine solche Vergebung die objektiven Forderungen der Gerechtigkeit, die Pflicht zur Wiedergutmachung, nicht abhebt. Auch für *Dives in misericordia* 14 sind „Wiedergutmachung des Bösen und des Ärgernisses, Behebung des Schadens, Genugtuung für die Beleidigung Bedingungen der Vergebung", denn „an keiner Stelle der Frohen

Botschaft bedeutet das Verzeihen, noch seine Quelle, das Erbarmen, ein Kapitulieren vor dem Bösen, dem Ärgernis, vor der erlittenen Schädigung oder Beleidigung". Die Erfüllung der Forderung der Gerechtigkeit, so die Enzyklika, „ist eine Hauptbedingung dafür, dass das Antlitz der Liebe aufleuchten kann".

Verantwortung für den Handel mit afrikanischen Sklaven?

Die Frage nach dem Handel mit afrikanischen Sklaven ist bereits verschiedentlich angeklungen. Da es sich um eine sehr wichtige und umstrittene Angelegenheit handelt, soll dieses Problem nochmals gesonders hier erörtert werden. Seit der aufgeklärte Corneille de Pauw in seinen *Recherches philosophiques sur les Américains, ou Mémoires intéressants pour servir à l'histoire de l'"espèce humaine* (2 Bde., Berlin 1768-1769) geschrieben hat, dass der Plan für den Sklavenhandel mit Amerika „gedacht und entworfen wurde von einem Kleriker namens Las Casas" (Pérez Fernández 1991: 36), hat man immer wieder behauptet, dass der „christliche" Humanist Las Casas zugleich die Freiheit der Indios und die Versklavung der Schwarzen verteidigte, was ein deutlicher Widerspruch sei.

Der berühmte Bischof von Blois, Henri Gregoire, verteidigte Las Casas in einer denkwürdigen *Apologie*, die er am 12. Mai 1800 in der Pariser Académie Française vortrug. Darin verneint er, dass Las Casas der Initiator des Sklavenhandels gewesen sei. Die *Historia de las Indias*, in dem sich Las Casas selbst bezichtigt, als erster empfohlen zu haben, „dass man eine Lizenz erteilen sollte, Negersklaven in diese Länder zu bringen" (WA 2: 278), war noch nicht erschienen – und Gregoire dachte, dass die Teile davon, die der Reichschronist

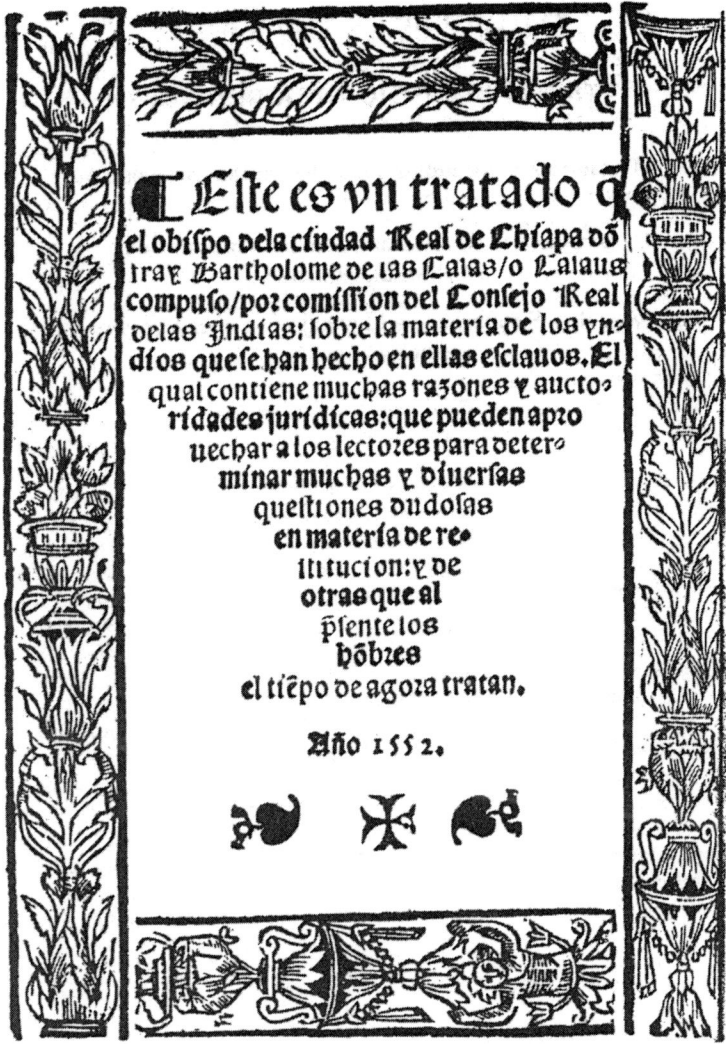

Streitschrift des Las Casas gegen die Sklaverei der Indios von 1548 (veröffentlicht: Sevilla 1552).

Antonio Herrera in seiner *Historia de los hechos de los castellanos...* 1601 nacherzählte, reine Verleumdung wären. Die apologetische Linie Gregoires wird von einigen Lascasisten fortgesetzt (1806 von Servando Teresa de Mier, 1819 von Gregorio de Funes und 1822 von Juan Antonio Llorente). Im 19. Jahrhundert gibt es auch Autoren, die Las Casas Selbstbezichtigung kannten und zugleich betonen, dass es bereits vorher schwarze Sklaven in den Antillen gab, ja, dass andere Ähnliches empfohlen hätten. Lascasisten und Antilascasisten haben seitdem dieselben Argumente wiederholt.

Neue Dokumente hat vor allem Isacio Pérez Fernández (1989, 1991, 1995) beigesteuert. Zunächst bestreitet er die allgemeine Meinung vieler Forscher seit dem 18. Jahrhundert: Es ist nicht wahr, dass Las Casas als erster den Rat gegeben hätte, schwarze Sklaven in die Antillen zu transportieren; es ist auch nicht wahr, dass er den Plan für den Sklavenhandel gedacht und entworfen hätte; nicht wahr ist zudem, dass er die Versklavung der Schwarzen befürwortet hätte; und schließlich ist es nicht wahr, dass er ein selektives Verständnis von Menschenrechten oder Menschenwürde gehabt hätte (Pérez Fernández 1991: 60f). Was kann also im Lichte historischer Forschung mit Sicherheit gesagt werden?

Zunächst dass es bereits vor den Denkschriften von Las Casas aus den Jahren 1516-1518 schwarze Sklaven in den Antillen gab; dann dass Las Casas in seiner Denkschrift an die Regenten Cisneros und Adrian von Utrecht auf Bitten der Mendikanten und Siedler Españolas folgendes vorschlägt: „Statt der Indios möge S. H. in den besagten Gemeinden bei erforderlicher Verpflegung je zwanzig Neger oder andere Sklaven für die Minen halten" (WA 3/1: 333); dass die Hieronymitenpatres 1517 und 1518 (hier auch Richter Zuazo) ähnliche Vorschläge machten; dass Las Casas 1518 erneut davon spricht; dass all diese Vorschläge nur die Bedingung der spanischen Siedler ausdrückten, um auf die Ausbeutung der Indios verzichten zu können; dass man im damaligen Europa davon ausging, dass die Schwarzen von den Portugiesen in gerechten Kriegen an der afrikanischen Westküste versklavt worden seien und eine solche Sklaverei also legitim wäre; dass selbst der große Scholastiker Adrian von Utrecht und spätere Papst Hadrian VI., der sich mit Las Casas am Hof Karls V. aufhielt, nicht daran zweifelte; dass im Verlauf des Jahres 1518 es mehrere Versuche am Hof gab, Lizenzen für den Sklavenhandel zu erlangen; dass Las Casas auf die Frage, wie viele Sklaven nötig wären, antwortete, er wisse es nicht (WA 2: 278); dass im Herbst 1518 der atlantische Sklavenhandel begann, nachdem der Gouverneur von Bresse (Laurent de Gorevod) die erlangte Lizenz zum Transport von 4000 Sklaven in die Antillen an genuesischen Bankiers verkauft hatte (an die Brüder Centurione); dass von da an der Sklavenhandel eine eigene Dynamik nach dem Gesetz von Angebot und Nachfrage gewann. Es gibt aber keine direkte Verbindung Las Casas' mit dem Sklavenhandel. Wohl wird Las Casas mehrmals bei der Krone intervenieren, um schwarze Sklaven, sei es für sich selber, für die Siedler der Antillen oder die Familie des Kolumbus, zu erreichen – zuletzt noch 1543 für seine Reise nach Mexiko als Bischof von Chiapa, wie es andere Bischöfe auch taten – bis er ab 1547 begann, seine Meinung in der Sache zu ändern. Wir können dies seine „dritte Bekehrung" nach der ersten 1514 und dem Eintritt in den Predigerorden 1522 nennen.

1547 reiste ein schwarzer Sklave, Pedro de Carmona, mit Las Casas von Kuba nach Lissabon zurück. Carmona war zwar von seinem verstorbenen Herrn freigelassen worden, aber die Erben erkannten dies nicht an. Unter dem Schutz

des Bischofs Las Casas kam er nun nach Spanien, um seine Freilassung vor Gericht zu beweisen. Dass er unter dem
Schutz Las Casas' reiste, wissen wir aus dem Lebensbericht,
den Carmona beim Prozess ablegte. In Spanien angekommen,
wird Las Casas Carmona zum Gericht (nach Aranda de Duero,
wo sich der Hof gerade aufhielt) begleiten und eine Kaution
für ihn zahlen, bis ihm Gerechtigkeit wiederfährt. Es ist anzunehmen, dass Las Casas, der von Natur ein „mitleidiges Herz"
hatte, sich während der langen Seefahrt die Lebensgeschichte
Carmonas anhörte. Dabei muss er angefangen haben, darüber
nachzudenken, dass die Kriege der Portugiesen gegen die
Schwarzen in Guinea so ungerecht wie die der Spanier gegen
die Indios wären, dass folglich die Sklaverei der Schwarzen
nicht weniger ungerecht sei.

Den Aufenthalt in Lissabon nutzt Las Casas unter anderem, um einige Chroniken der Portugiesen über ihre Entdek-
kungsfahrten entlang der Westküste Afrikas zu kaufen, aber
erst nach der Kontroverse von Valladolid wird er die Zeit finden, diese eingehend zu studieren. Nachdem er sich nun sicher ist, dass auch die Kriege der Portugiesen in Afrika höchst
ungerecht sind, schreibt er ab 1555 einige nachträgliche Kapitel für seine *Historia de las Indias,* die so etwas wie einen „Kurzen Bericht über die Zerstörung Westafrikas" durch
die Portugiesen darstellen. Wie oben bereits angemerkt, hat
Las Casas damit als erster Europäer den Handel mit afrikanischen Sklaven und die Kriege zum Sklavenfang schonungslos
kritisiert. Das Ergebnis seines Studiums der portugiesischen
Expansion führt ihn 1560 zum lapidaren Urteil, „dass die
Knechtschaft der Neger ebenso ungerecht wie die der Indios
ist" (WA 2: 281). Daher kann er im genannten Werk seinen
früheren Fehltritt hinsichtlich des Handels mit afrikanischen
Sklaven erkennen und zutiefst bereuen, und zwar so, dass er

sich nicht sicher ist, „ob ihn seine damalige Unkenntnis und sein guter Wille vor dem göttlichen Gericht entschuldigen könnten" (WA 2: 281).

Die Selbstbezichtigung Las Casas' ist mehr in theologischer und moralischer Hinsicht zu verstehen: Er fühlte sich subjektiv „schuldig", zum Sklavenhandel indirekt beigetragen zu haben, auch wenn sein tatsächlicher Beitrag nicht entscheidend war und er aus Unwissenheit und gutem Willen handelte. Er hatte ein skrupulöses Gewissen und neigte zur Überbetonung seiner „Sünde". Angesichts der Dynamik des atlantischen Sklavenhandels blieb sein Gewissen beunruhigt bis zuletzt. Dass Las Casas' harte Worte über diesen Handel im 16. Jahrhundert nicht gedruckt werden konnten und bis ins 19. Jahrhundert hinein kaum bekannt waren, hängt mit den Zensurmaßnahmen Philipps II. zusammen: In einem Erlass vom 1. September 1558 untersagte er strengstens – unter Androhung der Todesstrafe und der Konfiskation von Hab und Gut an Autoren, Drucker und Buchhändler – irgendeine die westindische Frage betreffende Schrift ohne Zustimmung der zuständigen Kronbehörde (des Indienrats) zu veröffentlichen.

Las Casas selbst verhängte 1559 für sein Geschichtswerk ein Moratorium von 40 Jahren, wohl in der Hoffnung, dass es nach dem Tod Philipps II. publiziert werden könnte. Aber dieser ließ 1571 seine im Kolleg San Gregorio zu Valladolid befindlichen Schriften an den Indienrat in Madrid übergeben, „damit man sieht, welchen Wert sie haben, und solche gedruckt werden, die veröffentlicht werden sollten" (WA 2: 150). Diese Massnahme kam aber einer Konfiskation der gefährlichen Schriften Las Casas' gleich, damit sie von den Feinden Spaniens nicht publizistisch ausgeschlachtet werden, aber im Auftrag der Krone selektiv verwendet werden könnten. So kam es dazu, dass erst nach Abschaffung der Inquisition im

19. Jahrhundert die erste vollständige Ausgabe der *Historia de las Indias* im Jahr 1875 erscheinen konnte.

War Las Casas unwahrhaftig?

Die unglaublichen Szenen des Grauens kolonialer Kriegführung und die hohen Opferzahlen, von denen Las Casas in seinen historischen Werken berichtet, haben ihm den Vorwurf der Unwahrhaftigkeit zugetragen. Bis zum Jahr 1560 sollen nach Las Casas über vierzig Millionen Indios zugrunde gegangen sein (WA 2: 319), das ist die höchste Zahl, die er nennt.

Sein berühmt-berüchtigter *Ganz kurzer Bericht über die Zerstörung Westindiens,* der – in die meisten europäischen Sprachen übersetzt – im Konfessionalisierungszeitalter als antispanische und/oder antikatholische Kampfschrift instrumentalisiert wurde und eine der Quellen bildet, aus der sich jener politische Mythos speist, der seit Anfang des 20. Jahrhunderts *Leyenda negra* genannt wird, kann nach heutiger Erkenntnis „historisch im wesentlichen als korrekt gelten; selbst die Zahlenangaben hinsichtlich der Opfer passen sich in das Spektrum heutiger Schätzungen der demographischen Katastrophe ein, die mit der Eroberung und europäischer Besiedlung über Amerika hereinbrach. Nur in einem Punkt wird man seine Darstellung korrigieren müssen: Der enorme demographische Rückgang war weder ausschließlich noch in erster Linie das Ergebnis militärischer Einwirkung oder gar eines geplanten Genozids. Die Hauptursachen waren wohl die aus der Alten Welt eingeschleppten Infektionskrankheiten, die aufgrund mangelnden Immunschutzes der indigenen Bevölkerung zu verheerenden Epidemien führten und die Folgen des kulturellen Schocks verstärkten" (Sievernich, 33).

Las Casas' Geschichtswerk war freilich auch Teil seines leidenschaftlichen Kampfes um das Recht und die Wahrheit des Anderen. Daher begegnen uns darin auch überzogene Polemiken und „bewusste" Einseitigkeit. Die Qualität als glaubwürdiger Historiker kann Las Casas dennoch „nicht abgestritten werden" (WA 2: 24), denn er legt seine Parteilichkeit offen.

Ist Las Casas wirklich gescheitert?

Am Ende seines Lebens fühlt sich Las Casas gescheitert, weil er die Rückgabe von usurpierter Herrschaft und geraubtem Geld nicht erreichen konnte. Er ist sich der Verbrechen Spaniens in der Neuen Welt voll bewusst und sieht angesichts der biblischen Koordinaten seiner Geschichtstheologie düstere Wolken am Horizont: Er fürchtet, dass Gott ihn ob des geringen Nutzens seiner Vorschläge aufgrund seiner Nachlässigkeiten bestrafen werde; er fürchtet, dass Gott „über Spanien seine Wut und seinen Zorn ausgießen" werde, wenn wir uns nicht bekehren und den indianischen Völkern Gerechtigkeit widerfahren lassen, „weil ganz Spanien in mehr oder weniger großem Ausmaß beteiligt war und von den blutigen geraubten Reichtümern profitiert, die so verbrecherisch und übel und mit soviel Zerstörung und unter Auslöschung dieser Völker gewonnen worden sind"; und er fürchtet auch, das Bereuen werde zu spät oder gar nicht geschehen, „wegen der Blindheit, die Gott um unserer Sünden willen bei den großen und kleinen Menschen zulässt, und besonders bei denen, die sich für so geistreich und weise halten und Anspruch darauf erheben, die ganze Welt zu beherrschen" (WA 3/1: 516ff). So sah also Las Casas das spanische Projekt der Universalmon-

Nachleben des Las Casas: Skulptur des Antonio Molto y Such für eine Kunstausstellung in Madrid 1881.

archie am Ende seines Lebens. Aber ist der Prophet, der an
der Einheit von Politik, Recht und Moral festhielt, wirklich
gescheitert?

Ich denke nicht. Er und die anderen Vertreter der Partei
der Bettelbrüder haben die Gesetzgebung im spanischen Ko-
lonialreich menschlicher gestaltet und damit allemal Schlimmeres verhütet. Nicht nur die Neuen Gesetze, sondern so gut
wie die ganze spanische koloniale Schutzgesetzgebung, die zumindest auf dem Papier ihresgleichen sucht, erfolgte aufgrund
konkreter Vorschläge der vor Ort arbeitenden Missionare, die
die Missstände auch am besten kannten. Das Ergebnis davon
sind die vielen Millionen Indios und Mestizen in (ehemals)
Spanisch-Amerika, während sie im angelsächsischen Amerika
weitgehend verschwunden sind. Die Intuition der Partei der
Bettelbrüder, dass die Zukunft der Kirche weniger in Europa
als vielmehr bei den neuentdeckten Völkern liegt, ist in unseren Tagen Wirklichkeit geworden. In der jetzigen Weltsituation
des Christentums, die nach dem II. Vaticanum vor allem durch
den Einbruch der Armen in die Kirche sowie das Erwachen und
hoffnungsvolle Wachstum der jungen, durch die Kolonialmis-
sion entstandenen Kirchen geprägt ist, sollte die Kirche die Erinnerung an Zeugen wie Bartolomé de Las Casas wach halten.

Das Wirken eines Propheten ist letztlich nicht daran zu
messen, ob er „Erfolg" hatte, sondern ob er getan hat, was die
Religion der Freiheit, der Gerechtigkeit und der Barmherzigkeit verlangt. Der barmherzige Prophet Las Casas hat unüber-
hörbar bezeugt, „dass der Gott der Christen die Armen nicht
vergisst, dass er vielmehr sein besonderes Wohlgefallen an
ihnen findet und sie in seinem An-Sehen bewahrt" (Baumgartner, 222).

Ein Prophet und ein Stein des Anstoßes

Las Casas ist, wie Marie-Dominique Chenu (2: 208) geschrieben hat, vor allen Dingen ein „Prophet" im biblischen Sinn des Wortes, d.i. ein von Gott Berufener (nabí), der seinen Zeitgenossen beharrlich – gelegen wie ungelegen – die Forderungen des Wortes Gottes in Erinnerung bringt. Der wahre christliche Prophet ist „unbewaffnet" und hat nur die Macht des Wortes. Dieses hat aber wie bei Las Casas die Schärfe eines Schwertes. Las Casas selbst hat sich nie als Prophet bezeichnet. Gleichwohl war er sich bis zu seinem Tod dessen bewusst, dass er von Gott gesandt worden war, „den Königen und der Welt gegenüber" die Wahrheit über die Behandlung der Indios durch die Christen zu enthüllen (WA 2: 206). Gewiss, die Sprache, mit der Las Casas dies immer wieder ausdrückt, klingt „quichotisch". Aber es handelt sich nicht um eitle oder wirklichkeitsfremde „Quichotterie", sondern um das Bewusstsein seiner strengen Verantwortung vor Gott für die ihm übertragene, prophetische Aufgabe.

Las Casas, in unserer Zeit für die einen ein paranoider Verleumder seines Vaterlands (so das Urteil des spanischen Historikers Ramón Menéndez Pidal in der Francozeit) und für die anderen „eine Ehre für das Menschengeschlecht" (so nannte ihn die chilenische Nobelpreisträgerin für Literatur Gabriela Mistral), war schon im 16. Jahrhundert ein Stein des Anstoßes. Toribio de Benavente, genannt zumeist „Motolinía" (der Arme oder der Armselige in der Verkehrssprache der Azteken) und einer der ersten „zwölf" franziskanischen Apostel der Mexiko-Mission, schrieb am 2. Januar 1555 einen Brief an Karl V., in dem er Las Casas spöttisch als „Möchtegern Wahrsager oder Prophet" bezeichnet, weil er Gottes Gericht über Spanien ankündigte, wenn man mit den Conquistas und Encomiendas sowie der Missionierung unter Zwang nicht aufhören sollte

(Benavente, 310). Er zeigt sich darüber verwundert, dass der Kaiser „einen überaus lästigen, unruhigen, aufdringlichen, aufrührerischen und streitsüchtigen Mann im Ordensgewand ...‚ einen schlecht erzogenen, beleidigenden, schädlichen und unsteten" Menschen wie Las Casas so lange am Hof „leiden konnte" (Benavente, 332). Aber abgesehen davon, dass der naive Motolinía von seinen eigenen Ordensoberen (!) für dieses Pamphlet getadelt wurde, so dass er sich bis zu seinem Tod 1569 in die Amerika-Kontroverse nicht mehr einschalten wird, dürfen wir nicht vergessen, dass ein anderes Mitglied der franziskanischen Familie und bester Schüler Motolinías, nämlich Jerónimo de Mendieta, einige Jahrzehnte später (1596) das Las Casas-Bild der frommen Franziskaner Mexikos, die ja im Kampf gegen die koloniale Ausbeutung der Indios seine stärksten Verbündeten waren, mit folgender Laudatio zurechtrückte:

„Da wir nun dabei sind, diejenigen in Erinnerung zu rufen, die des Gedenkens würdig waren, weil sie treu und nach Art der Apostel an der Bekehrung der Indios gearbeitet haben, so haben wir allen Grund, an den zu erinnern, der unter allen Ordensleuten am meisten gearbeitet und erreicht hat. Das war der Bischof von Chiapa, Don Fray Bartolomé de Las Casas aus dem Orden des hl. Dominikus, der noch als Weltpriester auf Española, bevor er in den Orden eintrat, mit sehr christlichem und frommem Eifer die große Zerstörung und Verwüstung, die unsere Spanier unter den Eingeborenen dieser Gegenden anrichteten, vor der göttlichen Barmherzigkeit beweinte und vor dem Katholischen König [Ferdinand], der bald darauf starb, und vor Don Carlos [Karl V.], seinem Enkel und sehr glücklichen Kaiser, beklagte; später, als er Ordensmann und Bischof wurde, verzichtete er auf sein Bistum, um Fürsprecher der Indios am Hof sein zu können; dort arbeitete er 22 Jahre lang unter großen Nöten, Anstrengungen und Anfeindungen; von manchen seiner Ordensbrüder, besonders aber von den Franziskanern Neuspaniens über die Kränkungen und Schäden, die die neu bekehrten Indios erleiden mussten, unterrichtet, sorgte er mit seinem wachen Geist dafür, dass vielen dieser Übel abgeholfen wurde, vor allem aber dass die versklavten Indios in die Freiheit entlassen und künftig keine mehr zu Sklaven gemacht wurden. Und über die Befreiung der Indios sowie die gute Regierung, die man ihnen zukommen lassen sollte, und über das, was unsere Könige zu deren Verteidigung und Schutz zu tun verpflichtet sind, verfasste er viele Traktate auf Latein und Spanisch, die mit allerlei fundierten Begründungen aus dem göttlichen und menschlichen Recht versehen sind, wie es sich für einen in allen guten Wissenschaften sehr versierten und gelehrten Mann gehört. Ohne jeden Zweifel bin ich davon überzeugt, dass er in der Herrlichkeit des Himmels einen besonderen Platz hat und mit einer sehr ruhmreichen Krone versehen ist: wegen dem Hunger und dem Durst nach der Gerechtigkeit, die er hier verspürte, und wegen dem sehr heiligen und bis zu seinem Tod beharrlichen Eifer, mit dem er um Gottes willen alles ertrug und sich für die Armen und Elenden einsetzte, die ansonsten jeder Gunst und Hilfe entbehrten. Nachfolger hat er viele gefunden, weil er die Wahrheit freimütig sagte" (Mendieta, 12f).

Man könnte ähnliche Zeugnisse aus allen Jahrhunderten sammeln, vor allem aus dem 18. und dem 20. Aber die hier vorgestellten mögen genügen, um diese in der Christentumsgeschichte immer wieder vorkommende Erfahrung zu untermauern: Wer, wie Las Casas, angesichts des zum Himmel schreienden Unrechts nicht nur „karitativ", sondern auch „politisch" im Sinne des Kampfes um Gerechtigkeit und Recht für die Opfer der Geschichte das messianische Programm Christi in der Synagoge von Nazareth als ein Programm des Erbarmens einschließlich des Bekehrungsappells an die Täter zu verwirklichen sucht, der eckt an und wird zum *Stein des Anstoßes.*

VI. Anhang

Auswahl aus den Schriften

Über die Predigt Montesinos im Advent 1511 (Historia de las Indias: WA 2: 224-227)

Dieser Fray Antón Montesino war ein begnadeter Prediger; äußerst hart tadelte er die Laster, und vor allem mit seinen Predigten und Worten erreichte er als ein leicht in Zorn geratender Mann große Wirkung; und so brachte er großen Nutzen mit seinen Predigten – oder man glaubte, dass er ihn brachte. Diesem Mann übertrug man, da er sehr beherzt war, die erste Predigt über das genannte Thema, das für die Spanier auf dieser Insel so neuartig war; und das Neuartige daran war nichts anderes, als dass er versicherte, diese Menschen zu töten sei eine größere Sünde, als Wanzen zu töten. [...]

Als der Sonntag und die Stunde der Predigt gekommen waren, bestieg der erwähnte Fray Antón Montesino die Kanzel, und als Thema und Grundlage seiner Predigt, die er schon geschrieben hatte und die von den übrigen mitunterzeichnet war, nahm er (Joh 1,23): *Ego vox clamantis in deserto* [Ich bin die Stimme eines Rufenden in der Wüste].

Nachdem er seine Einleitung vorgetragen und etwas zum Wesen der Adventszeit gesagt hatte, sprach er zunächst eindringlich über die unfruchtbare Wüste des Gewissens der Spanier auf dieser Insel und über die Verblendung, in der sie

lebten; wie sehr sie von der Gefahr bedroht seien, verdammt
zu werden, da sie nicht die äußerst schweren Sünden wahr-
nähmen, denen sie ständig und mit solcher Gefühllosigkeit
verfallen seien und in denen sie sterben würden. Dann kam er
auf sein Thema zurück und sagte das folgende:

„Um euch das bekanntzugeben, bin ich auf diese Kanzel gestiegen, ich, der ich die Stimme Christi in der Wüste
dieser Insel bin; und deshalb ist es angebracht, dass ihr sie
aufmerksam anhört, und zwar nicht so aufmerksam, wie es
euch gut dünkt, sondern mit eurem ganzen Herzen und all
euren Sinnen; diese Stimme wird für euch ungewöhnlicher
sein als alles, was ihr jemals gehört habt, die rauheste, härte-
ste, schrecklichste und gefährlichste, die ihr jemals zu hören
meintet. [...] Diese Stimme", sagte er, „[tut euch kund], dass ihr
alle der Grausamkeit und Tyrannei wegen, die ihr gegen diese
unschuldigen Menschen gebraucht, in Todsünde seid und in
ihr lebt und sterbt. Sagt, mit welchem Recht und mit welcher
Gerechtigkeit haltet ihr diese Indios in solch grausamer und
entsetzlicher Knechtschaft? Mit welcher Machtbefugnis habt
ihr solch verabscheuungswürdige Kriege gegen diese Menschen geführt, die ruhig und friedlich in ihren Ländern lebten,
in denen ihr so unendlich viele von ihnen getötet und mit
unerhörten Verheerungen ausgerottet habt? Wie bedrückt und
plagt ihr sie, ohne ihnen Essen zu geben oder sie in ihren
Krankheiten zu pflegen, die sie sich durch die übermäßigen
Arbeiten zuziehen, die ihr ihnen auferlegt, und durch eure
Schuld sterben sie, oder, besser gesagt, ihr tötet sie, um täglich
mehr Gold herauszupressen und zu gewinnen? Und wie sorgt
ihr für jemanden, der sie in der christlichen Lehre unterweist,
damit sie ihren Gott und Schöpfer erkennen, getauft werden,
die Messe hören, die Sonn- und Feiertage in Ehren halten?
Sind sie etwa keine Menschen? Haben sie keine vernunftbe-

gabten Seelen? Seid ihr nicht verpflichtet, sie wie euch selbst zu lieben? Versteht ihr das nicht? Fühlt ihr das nicht? Wie könnt ihr in einen so tiefen, so bleiernen Schlaf versunken sein? Haltet es für gewiß, dass ihr euch in dem Zustand, in dem ihr euch befindet, nicht besser retten könnt als die Mauren oder Türken, denen der Glaube an Jesus Christus fehlt und die ihn nicht haben wollen."

[...] viele schienen in Ohnmacht zu fallen, andere waren verstockter, und einige zeigten etwas Reue, doch keiner wurde bekehrt, wie ich später hörte. [...] Als er hinausgegangen war, kam es zu einem allgemeinen Gemurmel in der Kirche, so dass man, wie ich glaube, kaum die Messe beenden ließ.

Über die Zerstörung Westindiens seit 1492 (Brevísima relación de la destruición de las Indias, 1542: WA 2: 67–70)

Westindien wurde im Jahre 1492 entdeckt. Im folgenden Jahr siedelten sich spanische Christen an. So hat sich denn seit neunundvierzig Jahren eine große Anzahl Spanier dorthin begeben. Und das erste Land, in das sie eindrangen, um sich anzusiedeln, war die große und überaus fruchtbare Insel Española, die einen Umfang von sechshundert Meilen hat.

Überall rings um sie gibt es unzählige andere, sehr große Inseln, die alle, und das haben wir gesehen, so dicht mit Eingeborenen, den dort lebenden Indios, bevölkert und voll von ihnen waren, wie es ein bewohntes Land in der Welt nur sein kann.

Das Festland, das dieser Insel am nächsten liegt, ist etwas mehr als zweihundertfünfzig Meilen entfernt, und von seiner Meeresküste wurden bisher über zehntausend Meilen entdeckt, und täglich entdeckt man mehr davon, und alles wimmelt dort in dem Gebiet, das man bis zum Jahre 1541 entdeckt hat, von Menschen wie Bienen in einem Bienenkorb; so scheint es denn, dass Gott die ganze Menge oder doch die größte Anzahl des ganzen Menschengeschlechts in jene Landstriche gesetzt hat.

All diese unzähligen Leute *a toto genere* [von jeder Art] schuf Gott ganz arglos, ohne Bosheit und Doppelzüngigkeit, ihren natürlichen Herren und den Christen, denen sie nun dienen, höchst gehorsam und treu; sie sind die demütigsten, geduldigsten, friedfertigsten und ruhigsten Menschen, die es auf der Welt gibt, sie kennen keinen Zwist und keinen Hader, sind keine Störenfriede und Zänker, ohne Groll, Hass oder Rachsucht. Zugleich sind sie Leute von zartester, schwächlichster und empfindlichster Konstitution, die am schlechtesten Mühsal ertragen können und jeder Krankheit am leichtesten erliegen, so dass nicht einmal unsere Fürsten- oder Herrensöhne, die in Behaglichkeit und Wohlleben aufgezogen werden, empfindlicher als sie sind, selbst wenn sie zu denen gehören, die bei ihnen den Bauernstand bilden.

Außerdem sind sie bitterarme Leute, die ganz wenige Güter besitzen und besitzen wollen. Und darum sind sie nicht hochmütig, ehrgeizig oder habsüchtig. Ihre Nahrung ist so beschaffen, dass wohl jene der heiligen Väter in der Wüste nicht kärglicher, weniger wohlschmeckend und armseliger gewesen ist. Gewöhnlich gehen sie nackt einher und haben lediglich die Scham verhüllt, und sie bedecken sich höchstens noch mit einem Baumwollmantel, der ein etwa anderthalb oder zwei Ellen großes viereckiges Tuch ist. Ihr Bett haben sie auf einer Schilfmatte, und allenfalls schlafen sie in so etwas wie aufgehängten Netzen, die man in der Sprache der Insel Española *hamacas* [Hängematten] genannt hat.

Auch haben sie einen klaren, unverdorbenen und scharfen Verstand, sind sehr geeignet und empfänglich für jede gute Leh-

re und außerordentlich befähigt, unseren heiligen katholischen
Glauben zu empfangen und tugendhafte Sitten anzunehmen,
und von allen Menschen, die Gott in dieser Welt geschaffen hat,
sind sie diejenigen, bei denen es hierfür die geringsten Hindernisse gibt. Und sobald sie erste Kunde von den Glaubensdingen
erhalten haben, drängen sie mit solchem Nachdruck, mehr von
ihnen zu erfahren und an den Sakramenten der Kirche und dem
Gottesdienst teilzuhaben, dass ich offen gestehe: Die Ordensleute müssen, um sie ertragen zu können, von Gott die Gabe der
Geduld in ganz besonderem Maße verliehen bekommen. Und
schließlich habe ich seit vielen Jahren und sehr oft von vielen
spanischen Laien gehört, die die Gutherzigkeit, die sie bei ihnen
entdeckten, nicht leugnen konnten: „Diese Leute wären gewiss
die glücklichsten auf der Welt, wenn sie nur über die [wahre]
Gotteserkenntnis verfügten."

Bei diesen sanften Schafen, denen ihr Schöpfer und Ur-
heber die obengenannten guten Eigenschaften verliehen hat,
sind die Spanier wie ungeheuer blutgierige, seit vielen Tagen
ausgehungerte Wölfe, Tiger und Löwen eingefallen, sobald sie
von ihnen erfuhren. Und seit vierzig Jahren haben sie bis jetzt
nichts anderes getan, und auch heutigentags tun sie nichts
anderes, als sie zu zerfleischen, zu töten, zu peinigen, zu krän-
ken, zu martern und zu vernichten, und das auf ungewöhnli-
che, neue und vielfältige Arten der Grausamkeit, dergleichen
man nie zuvor gesehen, gelesen oder gehört hat und deren
einige weiter unten genannt werden; und dies geschah in solchem Maße, daß von den mehr als drei Millionen Menschen,
die es auf der Insel Española gab und die wir gesehen haben,
heute nicht einmal mehr zweihundert Eingeborene übrig sind.

Die Insel Cuba, die beinahe so lang ist wie der Weg von
Valladolid nach Rom, ist heute beinahe ganz entvölkert. Die
Inseln San Juan [Puerto Rico] und Jamaica, zwei sehr große,

fruchtbare und schöne Inseln, sind beide verwüstet. Die Lu-
kayischen Inseln [Teil der Bahamas], die nahe bei Española
und Cuba im Norden liegen, sind zusammen mit den sogenannten Inseln der Giganten [vor Venezuela] und anderen
großen und kleinen Inseln insgesamt mehr als sechzig. Und
noch die geringste von ihnen ist fruchtbarer und schöner als
der königliche Garten von Sevilla, und es ist die gesündeste
Gegend der Welt; dort gab es über fünfhunderttausend Seelen, und heute ist dort kein einziger Mensch mehr. Man hat
sie alle getötet, weil man sie auf die Insel Española brachte
oder bringen wollte, nachdem man festgestellt hatte, dass die
Eingeborenen dieser Insel ausstarben.

Drei Jahre nachdem man diese Menschen wie Trauben gelesen hatte, fuhr ein Schiff an den dortigen Küsten entlang,
um Nachlese unter den Überlebenden zu halten, weil sich ein
guter Christ zum Mitleid bewegen ließ und diejenigen, die
man fände, bekehren und für Christus gewinnen wollte, doch
man entdeckte nur elf Personen, die ich mit eigenen Augen
gesehen habe. Mehr als dreißig weitere Inseln, die in der Nähe
von San Juan [Puerto Rico] liegen, sind aus dem gleichen
Grund entvölkert und verwüstet. Diese Inseln zusammen um-
fassen wohl über zweitausend Meilen Land, und sie alle sind
entvölkert und ihrer Einwohner beraubt.

Was das große Festland betrifft, so sind wir sicher, dass
unsere Spanier durch ihre Grausamkeiten und Schandtaten
mehr als zehn Königreiche entvölkert und verheert haben, so
dass sie heute wüst daliegen, während sie einst von vernunftbegabten Wesen dicht besiedelt waren. Und diese Reiche waren größer als ganz Spanien, selbst wenn man Aragonien und
Portugal hinzurechnet, und sie hatten zweimal mehr Land, als
es von Sevilla bis Jerusalem gibt, das sind über zweitausend
Meilen.

Als ganz zuverlässig und wahrheitsgemäß sehen wir die Berechnung an, dass in diesen vierzig Jahren durch die erwähnten Gewalttaten und teuflischen Werke der Christen mehr als zwölf Millionen Seelen – Männer, Frauen und Kinder – auf ungerechte und tyrannische Weise getötet wurden; tatsächlich aber nehme ich an, ohne dass ich mich zu irren glaube, dass es mehr als fünfzehn Millionen gewesen sind.

Zwei allgemeine und hauptsächliche Mittel sind es, die jene wählten, die sich Christen nennen und hinübergefahren sind, um jene beklagenswerten Völker auszurotten und vom Angesicht der Erde zu vertilgen. Das eine besteht in ungerechten, grausamen, blutigen und tyrannischen Kriegen. Das andere darin, dass sie – nachdem sie all jene getötet haben, die leidenschaftlich die Freiheit herbeiwünschen, sich nach ihr zurücksehnen oder an sie denken oder sich auch den von ihnen erduldeten Martern entziehen könnten, wie etwa alle angestammten Herren und erwachsenen Männer (denn gewöhnlich lassen sie in den Kriegen nur junge Leute und Frauen am Leben) –, die übrigen mit dem härtesten, schrecklichsten und strengsten Frondienst bedrücken, wie man ihn bisher noch niemals Menschen oder Tieren aufbürden konnte. Auf diese zwei Arten teuflischer Tyrannei lassen sich alle übrigen unterschiedlichen und vielfältigen Mittel, wie man jene Völker vernichtet, und es sind unendlich viele, zurückführen, zusammenfassen oder wie Gattungen unterordnen.

Der Grund, warum die Christen so viele und gerade diese Seelen in so unendlich großer Zahl getötet und vernichtet haben, bestand allein darin, dass sie dem Gold als ihrem letzten Ziel nachjagten, innerhalb kürzester Zeit Schätze ansammeln und in einen sehr hohen Stand aufsteigen wollten, der nicht im mindesten ihrer Person entsprach (wie man nämlich wissen muss), und das wegen ihrer unersättlichen Habsucht und

Ruhmsucht, die größer waren als irgendwo sonst in der Welt,
weil jene Lande so fruchtbar und reich und die Leute dort so
demütig, so geduldig und so leicht zu unterwerfen waren; sie
haben diesen nicht mehr Ehrfurcht erwiesen und sich nicht
mehr um sie gekümmert und sie nicht höher geachtet (und
ich sage die Wahrheit, weil ich es weiß und die ganze Zeit mit
angesehen habe), wobei ich keinesfalls „nicht höher als das
Vieh geachtet" meine (denn Gott gebe, dass sie diese Leute wie
Vieh behandelt und geachtet hätten), vielmehr nicht höher
und noch weit geringer als den Kot auf den Straßen.

Und geradeso haben sie für deren Leben und Seele gesorgt,
und darum sind all diese vielen, ja Millionen Leute ohne Glauben und ohne Sakramente gestorben. Und das ist eine ganz
offenkundige und bestätigte Wahrheit, die jedermann, selbst
die Tyrannen und Mörder, kennt und eingesteht: dass die Indios in ganz Westindien niemals einem Christen irgendein
Leid angetan haben; sie glaubten im Gegenteil, diese kämen
vom Himmel, bis sie selbst oder ihre Nachbarn von ihnen viele
Übel, Räubereien, Morde, Gewalttaten und Misshandlungen
erduldet hatten.

Doppeltes Mitleid Las Casas' mit den Indios und den Spaniern (Bre-
vísima relación de la destruición de las Indias, 1542: WA 2: 136)

Ich, Fray Bartolomé de Las Casas oder Casaus, ein Dominika-
nermönch, der ich mich dank Gottes Barmherzigkeit am spanischen Hof aufhalte, wurde zu dieser Schrift bewogen, weil
ich mich bemühe, die Höllen aus Westindien zu vertreiben,
damit jene unendlich vielen, durch das Blut Jesu Christi er-
lösten Menschen nicht rettungslos und für immer zugrunde
gehen, sondern ihren Schöpfer erkennen und die ewige Se-

Brief des Las Casas an den Kronrat für Westindien über die Leiden der Indios, 1531 (WA 3/1: 318).

ligkeit erlangen; ferner wurde ich dazu bewogen aus Mitleid mit meinem Vaterland, nämlich Kastilien, damit Gott es dieser überaus großen Sünden wegen nicht zerstört, die gegen Seinen Glauben und Seine Ehre und gegen die Nächsten begangen wurden; und schließlich regten mich einige angesehene Persönlichkeiten und Mitglieder dieses Hofes dazu an, die eifrig für Gottes Ehre eintreten und Mitgefühl für fremde Leiden und Nöte haben.

Über die Ermordung des Kaziken Hatuey aus Kuba (Brevísima relación de la destruición de las Indias, 1542: WA 2: 78-79)

Dieser Kazike und Herr floh immer vor den Christen, seitdem sie auf jene Insel Cuba gekommen waren, da er sie gut kannte, und er wehrte sich, wenn er mit ihnen zusammenstieß. Und schließlich nahmen sie ihn gefangen. Und nur, weil er vor so ruchlosen und grausamen Menschen geflohen war und sich gegen jene wehrte, die ihn töten oder ihn und all seine Leute und Angehörigen bis auf den Tod peinigen wollten, glaubten sie, ihn bei lebendigem Leibe verbrennen zu müssen.

Als er an den Pfahl gebunden war, sagte ihm ein Franziskaner, ein frommer Mann, der sich dort befand, einiges über Gott und unseren Glauben (was der Kazike niemals gehört hatte), soviel, wie es die äußerst kurze Zeit erlaubte, die ihm von den Henkern vergönnt wurde, und er versicherte ihm, wenn er das glauben wolle, was er ihm sage, werde er in den Himmel kommen, wo es Seligkeit und ewige Ruhe gebe, andernfalls werde er in die Hölle kommen und immerwährende Qualen und Strafen leiden.

Der Kazike dachte hierüber ein wenig nach und fragte den Ordensbruder, ob Christen in den Himmel kämen. Dieser be-

Ermordung des Kaziken Hatuey (Kupferstich des Theodor de Bry, 1598: WA 2: 49).

jahte das; doch es kämen die dorthin, die gut seien. Da sagte der Kazike, ohne weiter nachzudenken, dorthin wolle er nicht gehen, sondern in die Hölle, damit er sich nicht an einem Ort befinde, wo sie seien, und damit er nicht solch grausame Leute sehen müsse. Das sind der Ruhm und die Ehre, die Gott und unser Glaube durch die Christen gewonnen haben, die nach Westindien gefahren sind.

Das Weinen Gottes angesichts der Grausamkeiten der Christen (Carta al Consejo de Indias, 1531: WA 3/1: 348-350)

Das Geschrei soviel vergossenen Menschenblutes steigt schon zum Himmel. Die Erde selbst kann es nicht mehr ertragen, dass sie so sehr von Menschenblut getränkt ist. Ich glaube, dass schon die Engel des Friedens weinen, ja Gott selbst vergießt Tränen. Nur die Höllen empfinden Freude und, so denke ich, verstopfen sich, da sie die Verdammten mit solcher Geschwindigkeit aufnehmen. [...] Alle diese Übel sind schwerwiegend und für gottesfürchtige Ohren beleidigend; schrecklicher und unerträglicher anzuhören wären sie insbesondere, wenn die angezeigten Grausamkeiten in allen Einzelheiten berichtet würden, denn sie treffen zu und sind wirklich wahrhaftig, sie stammen nicht aus erfundenen Geschichten oder von schwatzhaften Zungen, vielmehr haben wir, die wir persönlich gegenwärtig waren, sie mit unseren eigenen Augen gesehen. Wollte Gott, dass dies alles vergangen wäre und diese Schlechtigkeit ein Ende hätte und er mich so nicht anhielte, sie aufzuschreiben. Er billigt unsere schweren Sünden nicht, da unsere Würdelosigkeit die göttliche Barmherzigkeit stört (weil es heißt, „die Sünden der Amoriter haben ihr volles Maß noch nicht erreicht", Gen 15,16); und dennoch geschehen sie heutzutage und wachsen von Tag zu Tag an, denn ständig wächst die Verblendung derer, die sich damit brüsten, nichts davon zu bemerken. Und sie ist so gewachsen, dass jeder „meinen wird, Gott einen Dienst zu erweisen" (Joh 16,2); und so glauben sie, Vollstrecker der göttlichen Strafen sein zu müssen. Denn selbst wenn Gott in seinem unerforschlichen Ratschluss, den nur Er selbst kennt, erlaubte, dass diese Völker gezüchtigt werden: wehe den Werkzeugen, mit denen sie gezüchtigt werden! Denn sein Wille besteht darin, dass alle gerettet werden und zur Erkennntis seiner gelangen (1 Tim 2,4), damit man nach seiner Menschwerdung auf Erden glaube, dass Er, der sich „Vater des Erbarmens" (2 Kor 1,3) nennt, die Bekehrung der Welt zum Glauben an ihn mit Erbarmen, Milde, Sanftmut, Frieden und Frömmigkeit erreichen wollte.

Und an erster und wichtigster Stelle trug Er seinen Nachfolgern auf, seinen Frieden anzubieten, alle gut zu behandeln und mit der Sanftmut ihrer Tugenden und guten Werke danach zu trachten, sie zu gewinnen, indem sie umsonst gäben, was sie umsonst empfangen haben. Denn so wurden unsere Vorfahren durch Frieden und Liebe zu guten Werken geführt, während die Verkündiger Gottes bei dieser ihrer heiligen Aufgabe ihr Leben ließen. Dies zeigte auch der Sohn Gottes, als er beispielhaft vom verlorenen Schaf erzählte, das er auf seinen Schultern trug; und vom verlorenen Sohn, dem er bittend entgegenkam; und von jener guten Frau mit der verlorenen Drachme, die ihr ganzes Haus auf den Kopf stellte und sie mit aller Sorgfalt suchte, und schließlich, als er sagte: „Ich sende euch wie Schafe inmitten von Wölfen" (Mt 10,16; Lk 10,3), d.h., um sie zu besänftigen und zu Christus zu führen. Und dies ist die Tür, durch die die Lehre Christi und sein heiliges Evangelium ihren Weg nehmen sollen, um die Fremden zu seinem Glauben und zu seiner Kirche zu bekehren.

Wenn dies aber, meine Herren, die Tür und der Weg der Bekehrung dieser Völker ist, für die Ihr Verantwortung tragt: warum schickt Ihr dann statt der Schafe, die die Wölfe bekehren sollen, hungrige, tyrannische, grausame Wölfe, welche die Schafe in Stücke reißen, sie zerstören, ihnen Ärgernis geben und sie vertreiben? Christus handelte wahrhaftig nicht so. [...] Wenn Christi Joch so sanft und seine Bürde so leicht ist, dass sich, so man es auf die Schultern nimmt, für die Seelen Erfrischung und Bequemlichkeit einstellen: wie stimmt Ihr dann zu, dass ihnen die Last solcher Qual aufgeladen wird, die so unerträglich ist, ein so bitteres und verzweifeltes Joch? Wie viele haben sich aus Verzweiflung getötet, haben zum Gift gegriffen, um sich dieser höllischen Last und dieses harten Jochs zu entledigen, das mehr dem der Türken als dem von Christen gleicht! Wie viele Frauen

haben Fehlgeburten erlitten, weil sie die Frucht ihres Leibes getötet haben, um ihre Kinder nicht unter ein so hartes Joch noch
unter so harte Leute geraten zu lassen!

Las Casas und die afrikanischen Sklaven (Historia de las Indias, ca. 1556: WA 2: 281-282)

Bevor die Zuckermühlen erfunden wurden, wollten einige
Siedler, die etwas von dem zurückbehielten, was sie mit dem
Schweiß und Blut der Indios erworben hatten, eine Lizenz bekommen, damit sie in Kastilien einige Negersklaven kaufen
konnten, weil sie sahen, dass ihre Indios zugrunde gingen. Und
es gab sogar einige, wie weiter oben gesagt wurde, die dem Kleriker Bartolomé de Las Casas versprachen, wenn er ihnen eine
Lizenz brächte oder verschaffte, damit sie ein Dutzend Neger
auf diese Insel holen dürften, würden sie auf die Indios verzichten, die sie besäßen, so dass man diese freilassen könnte.

Da der genannte Kleriker das einsah und er nach der Ankunft und dem Herrschaftsantritt des Königs in großer Gunst
stand (wie man weiter oben gesehen hat) und da man ihm
auch die Aufgabe übertragen hatte, Rettungsmittel für diese
Länder zu schaffen, erreichte er beim König, dass man, um die
Indios zu befreien, den Spaniern auf diesen Inseln gestattete,
einige Negersklaven aus Kastilien dorthin zu bringen.

Der Rat beschloß mit der Einwilligung der Sevillaner Beamten, wie oben bereits gesagt, dass eine Lizenz erteilen werden sollte, damit man damals 4000 [Negersklaven] auf die
vier Inseln bringen durfte: auf diese Insel Española, San Juan
[Puerto Rico], Cuba und Jamaica. [...]

Diesen Rat, den der Kleriker gegeben hatte, bereute er
später nicht wenig, weil er meinte, er sei aus Unachtsamkeit

schuldig geworden; denn da er alsbald sah und entdeckte, wie es sich zeigen wird, dass die Knechtschaft der Neger ebenso ungerecht wie die der Indios ist, war es ja kein kluges Rettungsmittel, was er empfohlen hatte: dass man Neger einführen solle, damit man die Indios freilassen könne; mochte er damals angenommen haben, dass jene zu Recht in Gefangenschaft geraten wären. Dennoch war er nicht sicher, ob ihn seine damalige Unkenntnis und sein guter Wille vor dem göttlichen Gericht entschuldigen könnten.

Damals gab es auf dieser Insel [Española] höchstens zehn oder zwölf Neger, die dem König gehörten und die man hergebracht hatte, um die Festung zu erbauen, die sich an der Flussmündung befindet. Doch nachdem man diese Lizenz erteilt hatte und jene andere erloschen war, folgten ihr allezeit viele weitere; so hat man denn über 30 000 Neger auf diese Insel und in dieses ganze Westindien mehr als 100 000 gebracht, wie ich glaube. Und das führte durchaus niemals zur Rettung und Befreiung der Indios, da der Kleriker Casas diese Angelegenheiten nicht weiter verfolgen konnte, der König abwesend war und zu den Ratsmitgliedern täglich neue hinzukamen und sie das Recht, das sie eigentlich kennen mußten, ignorierten, wie in dieser *Geschichte* oft genug gesagt worden ist. Und da die Zuckermühlen täglich zunahmen, nahm auch die Notwendigkeit zu, in ihnen Neger zu verwenden (weil jede einzelne Wassermühle ihrer wenigstens 80 und die kleinen Zuckermühlen 30 bis 40 benötigen), und damit wuchs der Gewinn, den die Abgaben an den König erbrachten. Ebenfalls ergab es sich, dass die Portugiesen, die sich seit vielen Jahren damit beschäftigt hatten, ohne jedes Recht Neger in Guinea zu rauben und zu versklaven, und nun sahen, dass wir offenkundig einen so großen Bedarf an ihnen hatten und sie ihnen teuer abkauften, sich beeilten und sich täglich weiter beeilen, von ihnen so viele zu rauben und gefangenzunehmen, wie ihnen mit allen bösen und ruchlosen Mitteln möglich ist. Da desgleichen die Neger selbst sehen, dass man so begierig nach ihnen sucht und sie haben will, führen sie ungerechte Kriege untereinander, stehlen und verkaufen sich mit anderen rechtswidrigen Mitteln gegenseitig an die Portugiesen. So sind wir denn schuld an allen Sünden, welche die einen und die anderen begehen, ohne überhaupt die unsrigen mitzurechnen, die wir begehen, wenn wir sie kaufen.

Das Geld für diese Lizenzen und Abgaben, die man ihretwegen an den König abführt, wurde vom Kaiser für den Bau des Stadtschlosses in Madrid und in Toledo bestimmt; und beide wurden mit jenem Geld gebaut.

Über die repartimientos und encomiendas (Treinta proposiciones muy jurídicas, 1548: WA 3/1: 189f)

Der Teufel konnte keine andere Pest erfinden, um jenes ganze Weltgebiet zu zerstören, all jene Völker dort aufzuzehren und zu morden und so große und dichtbesiedelte Reiche derart zu entvölkern – wozu sie allein völlig ausreichte –, die der Erfindung des repartimiento und der encomiendas jener Völker gleichgekommen wäre. Man teilte sie auf und übertrug sie den Spaniern, als übertrüge man sie allen Teufeln oder überließe sie wie eine Viehherde hungrigen Wölfen.

Durch repartimiento und encomienda, welche die grausamste und des Höllenfeuers würdigste Art von Tyrannei darstellen, die sich denken lässt, werden all jene Völker daran gehindert, den christlichen Glauben und die christliche Religion anzunehmen; denn Tag und Nacht halten die Spanier, ihre unseligen tyrannischen Herren, sie in den Minen, mit persönlichen Arbeiten und unter unglaublichen Tributleistungen im Griff; sie bürden ihnen Lasten auf, die sie hundert, ja zweihundert Meilen weit schleppen müssen, als ob sie Tiere wären, ja schlimmer noch; sie verfolgen die frommen Verkündiger des Glaubens, die sie unterweisen und ihnen Kunde von Gott geben, und vertreiben sie aus den Dörfern der Indios, damit es keine Zeugen für ihre fortgesetzten menschenmörderischen Gewalttaten, Grausamkeiten und Räubereien gebe. Durch repartimiento und encomienda litten und leiden die Indios ohne Unterlass Pein, Raub und Unrecht an ihrer eigenen Person, an ihren Kindern, Frauen und Gütern.

Durch repartimiento und encomienda sind im Laufe von 46 Jahren während meiner Anwesenheit mehr als 15 Millionen Seelen ohne Glauben und ohne Sakramente zugrunde gegangen, und mehr als dreitausend Meilen Landes sind entvölkert worden. Und, sage ich, solange diese encomiendas andauern – und ich rufe Gott zum Zeugen und Richter meiner Worte an –, wird die Macht der Könige nicht hinreichen, und wären sie selbst anwesend, dass all diese Indios nicht mehr umkommen, verenden und verbraucht werden; denn auf diesem Wege ließen sich selbst tausend Welten rettungslos zerstören.

Besagte repartimientos und encomiendas von Menschen, die, wie ich sagte, geschahen und geschehen, als wären sie Tiere, sind von ihrem tyrannischen Anbeginn an niemals auf Befehl der Könige von Kastilien erfolgt; auch planten diese nichts dergleichen. Denn eine solche böse, tyrannische, verheerende und weite Gebiete entvölkernde Regierung, die eine ganze Welt in harte, dauernde, schreckliche und tödliche Sklaverei führt, verträgt sich nicht mit der Rechtschaffenheit und Gerechtigkeit katholischer Christen.

Über die Habgier der Spanier (Entre los remedios, el octavo..., 1542: WA 3/2: 110-112)

Wir flehen E. M. [Eure Majestät] an, es möge Euch belieben, aufmerksam zu bedenken, was wir nun sagen:

All diejenigen, die nach Westindien fahren, sind Arme und Habgierige, die zur Überfahrt nur von der Habgier und der Begierde bewogen sind, nicht nur um der Armut zu entfliehen, sondern um reich zu werden, und dies nicht nur wie andere, sondern viel reicher, als man jemals auf der Welt in der Vergangenheit reich werden oder sich in Gedanken und Träumen vorstellen konnte; daher haben sie beschlossen, ganz und gar Gefangene und Sklaven der Habgier zu werden, wie aus den Taten erhellt, die sie in jenen Provinzen und Ländern vollbracht haben. [...]

Was wird man denn von solchen Habgierigen erwarten? Was werden sie mit den harmlosen, demütigen, sanften und schüchternen Indios tun - die sich nicht zu beklagen wagen und die niemanden haben, der auf sie hört, sie verteidigt, ihnen Abhilfe schafft –, wenn sie ihnen auf den Feldern und in den Bergwäldern, in den Minen, auf den Wegen und in verlassenen Gegenden, in denen die besten Bedingungen der Welt gegeben sind, damit man sie ohne Zeugen mißhandeln kann, ausgeliefert sind? Sie werden mit ihnen das tun, was sie bisher unaufhörlich getan haben: ihnen aus ihren Leibern die ganze Substanz saugen, da sie in ihren Häusern nichts mehr besitzen, sie ausbluten lassen, allerlei Gefahren aussetzen, ihnen verschiedene unerträgliche Arbeiten auferlegen, dazu noch viele Folter mit Stockschlägen und Peitschenhieben und andere unerhörte Plagen; schließlich werden sie auch ohne Mitleid alles nur Mögliche tun, um sie zu verderben und ihr Leben zu zerstören.

Wenn nämlich jeder Habgierige, der das Geld zum Ziel hat, keine Nächstenliebe kennt, hartherzig ist, Vater und Mutter verleugnet, kein Mitleid mit seinen Verwandten und Freunden hat und gegen sich selbst so grausam und feindlich gesinnt ist, dass er sein Leben verkauft und aufs Spiel setzt, nur um Gelder zu erlangen, welches Mitleid wird er dann mit fremden Leben haben, besonders mit denen von denjenigen, die er weniger schätzt und achtet als die Lasttiere und gar den Kot auf den Plätzen?

Gewiß wird er sie um so leichfertiger jedem Elend aussetzen, nur um seinen Zweck zu erreichen, denn er betrachtet sie als Mittel und Werkzeug, um die Reichtümer zu erlangen. [...] Christus aber tat nicht so, denn er kam in die Welt nicht, um für das Gold zu sterben, sondern um für die Menschen zu leiden und die Menschen zu retten. Und auch E. M. will nicht, dass der Zweck, den Gott befohlen hat, derart pervertiert und umgekehrt wird: dass die Menschen nämlich der Zweck aller Dinge sein sollen und nicht, dass die niedrigen Dinge zum Zweck der Menschen werden.

Über die befreiende Evangelisierung der Mendikanten und das Misstrauen der Sklavenhalter (Entre los remedios, el octavo..., 1542: WA 3/1: 88–89)

Nun, jene Völker Christen als *encomienda* zu übertragen war eine der größten Störungen und Behinderungen – die es bisher gab, jetzt gibt und immer geben wird, wenn E. M. [Eure Majestät] sie nicht beseitigt – für die Predigt des Glaubens und ihre Bekehrung, ja, es gab niemals eine so sichere und wirksame Behinderung wie diese; so sind alle an Leib und Seele zugrunde gegangen und werden noch zugrunde gehen, da sie ohne Glauben und Sakramente auf ewig gestorben sind. Dasselbe und gar Schlimmeres würde geschehen, wenn man sie Christen als Vasallen übertragen sollte.

Um dies zu beweisen, führen wir drei Gründe an: Der erste und aller Welt offenkundige ist die große Habsucht und Habgier der Spanier, weshalb sie nicht erlauben noch wollen, dass in die ihnen als *encomienda* übertragenen Dörfer Ordensleute kommen. Sie geben an, dass sie sonst zweierlei Verluste erleiden würden: Zum einen, weil die Ordensleute die Indios suchen und versammeln, um ihnen zu predigen, und während der Predigt erleiden ihre Landgüter Verluste, da die Indios nicht arbeiten, sondern untätig sind. Es hat sich gar ereignet, dass die Indios in der Kirche waren und die Predigt der Ordensleute hörten und der Spanier eindrang, vor sie hintrat und fünfzig oder hundert davon nahm, so viele er benötigte, um sie mit Lasten aus seinem Landgut zu beladen. Und weil sie nicht mitgehen wollten, hat er ihnen Stockschläge und Fußtritte versetzt; zur Bestürzung der Indios und der Ordensleute hat er damit alle Anwesenden in Unruhe versetzt, Anstoß erregt und die Rettung der einen wie der anderen behindert.

Der andere Verlust, den sie zu erleiden vorgeben, besteht für sie darin, dass die Indios, nachdem sie im Glauben unterwiesen und Christen wurden, klug reden und mehr wissen als vorher, so dass man sich ihrer fortan nicht so gut wie früher bedienen kann. So gestehen diese unseligen Spanier klar und freiwillig ein, dass sie um ihres eigenen zeitlichen Wohls willen vorsätzlich und wissentlich die Rettung der Seelen ihrer Nächsten hintanstellen. [...]

Aber es gibt auch noch einen dritten Verlust, den sie am meisten fürchten, aber nicht zu nennen wagen; sie wollen nicht, dass die Ordensleute in die besagten Dörfer kommen, um die Indios in der Glaubenslehre zu unterweisen, denn - und ich erzähle E. M. wirklich die Wahrheit - die Tyranneien, Erniedrigungen, Zwangsmaßnahmen, Gewaltaten und Unterdrückungen, die sie tagtäglich den Indios zufügen, sind so zahlreich, dass diese sich bei den Ordensleuten darüber beklagen, ja, die Ordensleute hören und sehen es, so dass die Spanier unbedingt verhindern wollen, dass die Ordensleute davon Zeugen sind. In der Tat: wenn die Ordensleute davon erfahren, bemühen sie sich alsogleich, wie sie Gott und E. M. gegenüber verpflichtet sind, es den Gerichtsbeamten E. M. mitzuteilen, damit diese Abhilfe schaffen; zumeist nutzt das alles jedoch nichts; da nämlich die Statthalter und Gerichtsbeamten auch Indios besitzen, grausamer und erbarmungsloser sind, ihnen noch mehr das Fell abziehen und sie unterdrücken – sie haben ja dazu mehr „Macht", niemand legt ihnen das Handwerk, und sie haben niemals eine Strafe zu fürchten –, übersehen sie, was die anderen tun, oder bestrafen sie nur sehr milde der Form halber, obwohl die Verbrechen solcherart sind, dass sie sie ohne Schande und Beschämung nicht mehr übersehen können. Dies tun sie, weil sie wissen, dass allen bekannt ist, dass sie selbst die meisten und schlimmsten Übeltaten begehen.

Aus diesem Grund halten sie die Ordensleute für wahre Feinde und Behinderer ihrer zeitlichen Interessen. Aus diesem Grund können sie sie weder sehen noch riechen. Aus diesem Grund schmähen und verleumden sie sie. Und da die Indios erkennen, dass sie keine Abhilfe erfahren, wenn sie nicht von den Ordensleuten gesucht und erwirkt wird, lieben und ehren sie diese über alles und kommen in feierlichen Prozessionen, um sie zu empfangen. Wenn nun die Spanier dies sehen, werfen sie ihnen vor, sie seien nur darauf aus, zu befehlen und von den Indios als Herren verehrt zu werden. Aber Gott ist Zeuge, mit wie vielen Plagen, Ängsten, Mühen, Hunger und

Durst sie leben; sie sind unterwegs durch Bergwälder und auf langen und mühsamen Wegen, sie erleiden allerlei karges Leben um Gottes willen.

Las Casas' Grund für die Apologie der Indios (Apologia, ca. 1552: OC 9, 72-73; Apologética historia sumaria: ca. 1556: WA 2: 343)

Im Bewusstsein dessen, dass ich Christ, Ordensbruder, Bischof, Spanier und Untertan der Spanischen Könige bin, konnte ich es nicht lassen, das Schwert meiner Feder zur Verteidigung der Wahrheit, der Ehre des Hauses Gottes und des sanften Evangeliums Jesu Christi zu schwingen [...] Aus all diesen Gründen sehe ich mich gezwungen, mich wie eine Mauer gegen die Unfrommen zu stellen, um jene sehr unschuldigen Völker zu verteidigen, die demnächst in das wahre Haus Israels eingeführt werden sollten, aber von grausamen Wölfen unaufhörlich verfolgt werden. [...]

Der hauptsächliche Grund für die Niederschrift der Geschichte war, dass man all diese so unendlich vielen Völker in diesem überaus weiten Erdkreis kennenlernte. Sie wurden nämlich von einigen Leuten verleumdet, die keine Gottesfurcht besaßen und sich auch nicht davor fürchteten, wie schwer vor dem Gericht Gottes die Verleumdung eines einzigen Menschen wiegt, der deshalb Ansehen und Ehre verliert, woraus ihm großer Schaden und schreckliche Not erwachsen können, was um so mehr für viele Menschen und noch viel mehr für eine ganze, überaus große Welt gilt. Denn jene Leute verbreiteten, diesen Menschen fehle es an gesunder Vernunft, um sich selbst zu regieren, sie hätten keine menschengemäße Regierungsform und keine geordneten Gemeinwesen, und das sagten sie aus dem einzigen Grund, weil sie entdeckten, dass diese so sanft, geduldig und demütig waren. Als hätte die göttliche Vorsehung nicht die nötige Sorgfalt gezeigt, während sie so unzählig viele vernünftige Seelen erschuf, und es zugelassen, dass die menschliche Natur vom Wege abirrte, wodurch sie beschlossen und ausgeführt hätte, dass aus einem fast unendlich großen Teil des Menschengeschlechts wie diesem insgesamt ungesellige und folglich abartige Wesen würden, die nicht die natürliche Sinnesart aller übrigen Menschen der Welt teilten.

Las Casas' Kritik von Sepúlvedas Auslegung des „compelle intrare"
(Lk 14,23) (Apologia, ca. 1552: OC 9: 510-511, 560-561)

Es wäre schön, wenn Sepúlveda und seine Anhänger diesbezüglich irgendeine Schriftstelle angäben, die besagtes Gleichnis in Sepúlvedas Sinne kommentiert, und zwar derart, dass das Evangelium (das die Gute und Frohe Botschaft ist) und die Vergebung der Sünden mit Waffen und Bombarden verkündet werden sollen, indem man das Volk militärisch unterwirft und mit dem Feuer des Krieges verfolgt. Was hat die Frohe Botschaft mit den Verstümmelungen, Sklavereien, Massakern, Feuersbrünsten, Städteverwüstungen und bekannten Übeln allen Krieges zu tun? In Wahrheit würden sie lieber zur Hölle fahren, als die Vorteile des Evangeliums zu genießen. Und was werden die Flüchtlinge erzählen, die aus Furcht vor den Spaniern in die Provinzen anderer Völker fliehen, mit ihren blutenden Köpfen, ihren verstümmelten Händen und ihren zerrissenen Eingeweiden? Was werden sie vom Gott der Christen halten? [...] Aus unserer vorausgegangenen ausführlichen Darstellung ergibt sich eindeutig, worin der wörtliche Sinn besteht, den Christus uns mit dem Satz aus dem zuvor zitier-

ten Gleichnis zu verstehen geben will: „Nötige sie einzutreten!" [Lk 14,23] Der hier vorgeschlagene Zwang bezieht sich
auf jene Ungläubigen, die niemals zuvor von den Glaubens-
wahrheiten gehört haben. Dieser Zwang wird ausgeübt durch
die Vernunft und die menschliche Überzeugung oder durch
die geistliche, innerliche Überzeugung, die durch den Dienst
der Engel erreicht wird.

*Die Hauptthesen aus dem Werk „De unico vocationis modo omni-
um gentium ad veram religionem", ca. 1526 (Über die einzige Art
der Berufung aller Völker zur wahren Religion: WA 1: 107, 259-260,
305, 312, 319-320, 330-331)*

Ein und dieselbe Art, und nur diese, die Menschen die wahre
Religion zu lehren, wurde auf der ganzen Erde und für jede
Zeit durch die göttliche Vorsehung eingesetzt, nämlich die
Überzeugung des Verstandes durch Vernunftgründe und die
sanfte Anlockung und Ermahnung des Willens. Diese Art muß
freilich allen Menschen auf der Welt gemeinsam sein, ohne
irgendeinen Unterschied sei es der Religion und Irrtümer, sei
es der Sittenverderbnis.
   [...]
   Es wäre sicher die ihr entgegengesetzte Art, wenn jene, denen es obliegt, den Ungläubigen das Evangelium zu predigen
oder predigen zu lassen, meinten, es sei angemessener oder
eine Erleichterung, dass eben diese Ungläubigen zunächst, ob
sie wollen oder nicht, unter die zeitliche Gewalt des christlichen Volkes gebeugt werden müssen; wären sie erst unterworfen, könnte dann unmittelbar die Predigt in der geboten-
en Form erfolgen, die jene nicht zum Glauben zwänge, sondern sie mit Vernunftgründen überzeugte und sanft anlockte,

nachdem ja durch die besagte Unterwerfung die Hindernisse aus dem Weg geräumt wären.

Und weil keiner von den Ungläubigen sich unter die Gewalt des christlichen Volkes oder eines seiner Fürsten beugen will – besonders die Könige der Ungläubigen nicht –, würde es in der Tat notwendigerweise zum Krieg kommen.

Der Krieg aber bringt diese Übel mit sich: Waffengetöse, plötzliche, stürmische und heftige Angriffe und Invasionen, Gewalttätigkeiten, große Unordnung und Verdruß, Mord und Totschlag, Gemetzel, Raub und Plünderungen; Eltern werden ihrer Kinder beraubt und Kinder ihrer Eltern; Gefangenschaft, Verlust von Besitz und Eigentum, Entmachtungen der Könige und natürlichen Herrn, sowie Verwüstung der Städte und Dörfer und die Vertreibung unzähliger Völker; all dies erfüllt die Königreiche, Länder und Orte allüberall mit großem Weinen, Seufzen und Wehklagen und mit jeder Art jammervollen Unheils.

[...]

Der [...] Krieg [...] gegen Ungläubige, die noch niemals etwas über den Glauben oder die Kirche erfahren haben, und die in keiner Weise eben dieser Kirche etwas zuleide getan haben, und der allein zu dem Zweck erklärt wird, ihre Seelen, nachdem sie durch Krieg der Herrschaftsgewalt der Christen unterworfen wurden, auf den Empfang der Glaubens oder der christlichen Religion vorzubereiten oder um die Hindernisse des Glaubens aus dem Weg zu räumen, dieser Krieg ist rechtswidrig, ungerecht, frevelhaft und tyrannisch.

[...]

Alle, die den erwähnten Krieg führen und durch irgendeine Art der Beteiligung, sei es durch Befehl, Hilfe oder Begünstigung, dazu beitragen, dass diese Art Krieg den Ungläubigen erklärt wird, begehen eine sehr schwere Todsünde.

[...]

Alle Genannten, die in irgendeiner der angeführten Arten der Beteiligung den erwähnten Krieg verursacht haben oder verursachen werden, sind notwendigerweise um ihres Heils willen gehalten, den geschädigten Ungläubigen die bewegliche oder unbewegliche Habe, die sie durch einen solchen Krieg erworben haben, ganz und gar zurückzuerstatten und für alle Schäden Genugtuung zu leisten.

[...]

Die Geistlichen, die sich der Predigt und Unterrichtung der Indios unserer westindischen Welt widmen, indem sie versuchen, diese Indios wegen irgendeiner von ihnen vor oder nach ihrer Bekehrung begangenen Sünde – sei es mit eigner Hand oder auf ihren Befehl hin von fremder Hand – durch Peitschen, Fesseln, körperliche Strafen und indem sie ihnen Angst einjagen, zu bessern, ja gar zu bestrafen, irren und verschulden sich sehr – auch dann, wenn sie die Macht und Autorität von Bischöfen haben mögen.

Widmungs- und Ermahnungsbrief an Philipp II. (Las doce dudas, 1564: WA 3/2: 261-266)

An den Allerkatholischsten, Allerhöchsten und Großmächtigsten König und Herrn Philipp, unseren König und Herrn in Spanien usw. – Heil, Erlösung und alles königliche Wohlergehen wünscht Bischof Fray Bartolomé de Las Casas vom Orden des hl. Dominikus.

Wieviel Ehrfurcht, Reverenz und Hochachtung, wieviel Gehorsam, Liebe und Treue ihren Königen die Untertanen schulden: dies, Eure Katholische Majestät, ist den gelehrten Kennern nicht nur der Heiligen Schrift, sondern auch jener

Bücher geläufig, die uns Sittenlehren zur Ordnung und Bewahrung der Staatswesen gegeben haben.

Die Heilige Schrift hebt als obersten Grundsatz hervor, dass die Könige und ihre Reiche nur zeitlich eingesetzte Stellvertreter und Statthalter Gottes sind, die ersten Diener und Vollstrecker der göttlichen Vorsehung: „Durch mich herrschen Könige und verordnen Gesetzgeber, was recht ist. Durch mich herrschen Fürsten und entscheiden Gewalthaber Gerechtigkeit" (Spr 8,15-16). Und im Buch der Weisheit (6,5) werden sie Diener seines Reiches genannt. Paulus handelt in Röm 13,1-7 vom Gehorsam, den man ihnen schuldet; und Petrus macht in 1 Petr 2,17 die Ehrfurcht und Reverenz zum Gebot: „Fürchtet Gott, ehret den König."

Aber die klugen weltlichen Gelehrten geben einen anderen Grund dafür an, dass man den Königen besagte und andere Privilegien einräumt: die ausnehmenden Wohltaten nämlich, die sie den Völkern wie Väter und Hirten angedeihen lassen. Denn nichts ist den Wohltaten der Könige vergleichbar, wenn diese gerecht und königlich, das heißt wie Könige regieren. Mit was auch wäre es zu vergleichen, dass Könige mit ihrer Seele dafür bürgen, uns gut zu regieren? Deshalb sagt Paulus in Hebr 13,17, dass wir zum Lohn für diese höchsten Wohltaten nichts Kostbareres als die Ehrfurcht und Reverenz haben, die wir ihnen erweisen, den Gehorsam, die Liebe und Treue, die wir ihnen bewahren; denn mit diesen Tugenden belohnen, ehren und erheben wir Gott selbst, so gut wir können; und Gott ist dessen zufrieden, weil er weiß, dass wir ihm das Kostbarste schenken, das wir besitzen. So aber soll es auch bei seinen Stellvertretern, den Königen, sein; das ist der Lohn, den sie im hiesigen Leben für ihre Taten und ihre Fürsorge nach Auskunft der klugen christlichen Gelehrten erwarten dürfen, die darüber geschrieben haben.

Aus dem Gesagten folgt, Allerhöchster und Großmächtigster Herr, dass die Liebe der Landeskinder zu ihren Königen eine natürliche Liebe aus natürlicher Neigung ist und dem Naturgesetz entspricht. Zudem entspricht sie göttlichem Gebot wie die anderen Tugenden, durch die wir die Könige ehren, erheben und hochachten, ihnen gehorchen, dienen und die Treue halten, und Gleiches sollte man für die Landeskinder aller Königreiche annehmen.

Um von Obengesagtem aber, Allerkatholischster und Allerhöchster König und Herr, nun auf mein eigentliches Anliegen zu kommen: Da niemand mich von dieser allgemeinen Verpflichtung ausschließen kann, weil ich ein Landeskind Eurer Königreiche bin und den altchristlichen Bewohnern meiner Geburtsstadt Sevilla entstamme, würde ich niemals dulden, dass jemand mir unterstellte, ich hätte den Königen von Kastilien nicht die schuldige Ehrfurcht und Reverenz erwiesen, nicht Hochachtung und eindringliche Liebe zu ihnen gehegt und ihnen nicht die Treue gehalten, zumal dem Kaiser und König, unserem Herrscher – Gott habe ihn selig –, sowie E. M., von der ich besondere Gunstbeweise empfange und empfangen habe. Dies muss man mir aus den erwähnten Gründen glauben.

Darüber hinaus habe ich es oft und, wie im Reich bekannt, über viele Jahre durch meine auswärtige Tätigkeit in Westindien bewiesen. Ich habe mich dieser Tätigkeit gewidmet, nachdem ich mit eigenen Augen so lange mit ansah, wie viel Gott, unserem Herrn, und seinem katholischen Glauben durch unsere Übeltaten abging, sowie den unsäglichen, nie wiedergutzumachenden Verlust an Leib und Leben, den jene Völker ohne Schuld und Beistand erfuhren. Den Königen von Kastilien habe ich mit meinen an Zahl und Umfang keineswegs geringen Bemühungen besondere Dienste erwiesen. Wäre ich nicht oft am Hof der verflossenen Könige, dabei stets mit der

schuldigen Ehrerbietung und aufrichtigen Reverenz, erschienen, um gegen die Zerstörungen und Verbrechen aufzurufen,
die in jenen Reichen bis heute begangen werden, weder Ihre
Hoheiten noch Seine verflossene Majestät, noch E. M., die
Gott schütze, Allerkatholischster Herr, würden noch Westindi-
en besitzen. Das kann die ganze Welt bezeugen.

Schon von Beginn an erkannte ich die große Schwierigkeit
der Aufgabe, die ich bei all der gottlosen, verabscheuungs-
würdigen, den Menschen in jenem Weltteil so verderblichen
Ruhmsucht und Habgier dieses Jahrhunderts übernommen
habe. In den fünfzig Jahren seit dem Jahr vierzehn, da ich
Kleriker wurde, dann Ordensmann und nun Bischof, und in
dreizehn weiteren, in denen ich sah, was geschah, habe ich
nicht nachgelassen, unermüdlich zu fragen, wie wir nach Gott
und der natürlichen Vernunft, nach göttlichem und menschli-
chem Recht mit jenen Völkern umgehen sollten. Und zwar je
nach den Zeiten der jeweils regierenden Könige und Statthalter in diesen Ländern und der wachsenden Not ihrer Völker.
Ich meinte stets, dass ich verpflichtet war, diese anzuzeigen
und auf Abhilfe zu dringen. Deshalb habe ich sie immer wieder geschildert. Und da mir Gott in seinem Erbarmen ein so
langes Leben gewährte, ist für all das Zeit geblieben.

Jetzt, da ich sehe, dass mir nur noch wenig zu leben bleibt,
um unserem Herrn mit dem von ihm verliehenen Talent nach
seinem strengen Ratschluss recht und schlecht Genüge zu tun,
fühlte ich mich verpflichtet, E. M. um meines Heiles willen ein
Geheimnis zu offenbaren und Ihnen einen höchst schwerwie-
genden und gefährlichen Betrug zu entdecken, der durch Ver-
sündigung Spaniens an den verflossenen Königen und E. M.
vor der Welt – sei es aus Unkenntnis, sei es aus Bosheit – bis
jetzt verborgen geblieben ist. Dies habe ich in einem Traktat
mit dem lateinischen Titel De Thesauris niedergelegt, den ich

gedachte, E. M. als mein Testament zu widmen, als Vermächtnis gleichsam großer Schätze, die ich Ihnen wohl zukommen ließe, hätte ich das Glück, so viel zu besitzen.

Während ich aber noch Zeit und Gelegenheit abwartete, ihn E. M. zu überreichen, hat mich ein gewisser Geistlicher aus dem Orden des hl. Dominikus bewogen – er ist um Gottes Ehre und das wahre Wissen um Recht und Unrecht bemüht, denn viele haben dabei Zweifel, und wünscht ebenfalls, E. M. bei der Rettung Westindiens zu dienen, von wo er jüngst zurückgekehrt ist –, ihm auf zwölf Zweifelsfälle zu antworten, von denen er meint, sie seien von großer Bedeutung für den Zustand, in dem er jene Länder verließ, und das schien mir bei Gott für jeden dieser Zweifelsfälle zu gelten. Ich war zur Antwort durch göttliches Gebot verpflichtet, wie es Petrus in 1 Petr 3,15-16 verkündet: „Seid allezeit bereit zur Verantwortung gegen jeden, der von euch Rechenschaft über die Hoffnung fordert, die ihr in euch habt; doch mit Sanftmut und Furcht" usw. Und so erläuterte ich das im Traktat De Thesauris lateinisch in summa Gesagte noch einmal einzeln in Spanisch, wenn auch mit einigen lateinischen Passagen. Es handelt sich um das Vorliegende, gleichsam ein Kodizill.

Empfangen nun E. M. diese beiden zwar knappen, wegen ihrer – nach heutigem Weltstand – ganz neuen, bedeutenden Wahrheiten aber gehaltvollen Traktate mit der E. M. durch göttliche Gnade angeborenen Güte und weisen Sie die Gefühle der Liebe nicht von sich, mit denen Sie sie erhalten, noch den Wunsch, Ihnen aufrichtig zu dienen. E. M. werden durch sie den Treubruch und Betrug erkennen, dem die Könige, Ihre Vorgänger, wie Ihre eigene königliche Person und Ihr Stand seit so vielen Jahren erlagen.

Und sollten Sie als höchster, aber weltlicher und zeitlicher, Fürst, auf dem so viele ständige Sorgen und unabweisliche

Nöte lasten, auch Missfallen und Trauer empfinden, weil Sie, mit dem Gold und Silber aus jenen Weltteilen beschäftigt, die Sie bisher bekommen haben oder künftig zu bekommen erhoffen, Ihre Gedanken und Hoffnungen vereitelt sehen, wenn Sie im Vergleich zu dem E. M. durch Andere verschafften breiten Weg in jenen Traktaten einen so schmalen und so bittere Schlüsse finden: vertrauen Sie lieber, als katholischer und großmütiger König, der im Himmel zu herrschen hofft, auf die göttliche Vorsehung jenes höchsten Königs und allermächtigsten Gottes, der Sie in der Welt so hoch erhoben und auserwählt hat, über so viele Reiche zu herrschen, statt auf das Gold von Callao oder das Silber von Potosí, das Ihnen auch nicht fehlen wird, wenn man rechtens vorgeht. Mit wenigen, rechtens erworbenen Geldern und einem kleinen, auf Gott vertrauenden Heer werden Sie gewiss mehr Siege erringen und mit größerem Ruhm über Ihre Feinde triumphieren als mit so übel wie aus Westindien für Sie bisher beschafften Millionen. „Denn dem Herrn ist es nicht schwer, durch viele oder durch wenige Rettung zu schaffen" (1 Sam [1 Kön] 14,6). „Er hat nicht Lust an der Stärke des Rosses noch Wohlgefallen an den Schenkeln des Mannes. Der Herr hat Wohlgefallen an denen, die ihn fürchten, und an denen, die auf seine Barmherzigkeit hoffen", sagt der Psalmist (Ps 146/147,10--11).

Und es genüge E. M. als Wahrheitsbeweis, was alle Eure Reiche als feste Tatsache anführen und laut rufen, dass nämlich kein einziges Vermögen aus Westindien noch der daraus fließende Zugewinn gedeihen, eher verschwinden sie wie Rauch durch ein großes Fenster oder wie Salz im Wasser. Der Heilige Geist in Spr 11,24 schweigt davon nicht: „Andere rauben, was ihnen nicht gehört, und sind doch stets in Not."

Gott, unser allerchristlichster Herr und Fürst, weiß das und ist Zeuge dafür, wieviel lieber ich Ursache großer Freude E.

M. sein wollte, indem ich Ihnen große, nicht mit Unrecht befleckte Reichtümer und Schätze zur Deckung Ihres Bedarfs in
Aussicht stellte, als Ursache des Schmerzes, den meine Schriften E. M. möglicherweise bereiten. Daraus könnte folgen, dass
E. M. mir künftig Ihr so gelassenes und heiteres Antlitz nicht
mehr zuwenden wird, mit dem Sie alle Untertanen, und mich
ganz besonders, zu betrachten pflegt, was mir einen unver-
gleichlichen Schmerz bereiten wird. Dem ist aber das ewige
Heil (denn es geht ja hier um nichts geringeres als das) und
das zeitliche Glück E. M. voranzustellen. So hege ich Hoffnung, dass Gott in E. M. Herz, denn er hat es mit Vorzug unter
den Menschen in seiner Hand, den Kern dieser Wahrheiten
und E. M. Verpflichtung senke, jene Übel auszumerzen und
einen gänzlich anderen als den bisher eingeschlagenen Weg
zu gehen. Vielleicht werden Sie auf diesem Weg die Gefahr
bannen, in der Spanien unbesorgt darüber lebt, dass Gott die
Strenge seines Zorns über es ausgießt. Denn jene so misshan-
delten und beleidigten Menschen rufen, der Vergeltung beinahe gewiss, mit den Worten des Psalmisten (Ps 136/137,8):
„Tochter Babylons, du Unglückselige! Wohl dem, der dir nach
Verdienst vergelten wird, was du an uns getan." Denn: „Du
hast geraubt, und man wird dich berauben, hast unterjocht
und eingekerkert, und man wird dich unterwerfen, hast getötet, und man wird dich töten usw." Was mich betrifft, so habe
ich die Sache pflichtgemäß geschildert.

   Bei all dem erhalte und bezeige ich E. M. die geziemen-
de Ehrfurcht, Reverenz und Hochachtung, bewahre Ihnen die
Treue und liebe Sie, wie ich als treuer Untertan und Christ
schuldig bin, sie zu erhalten und zu bezeigen, zu bewahren
und Sie zu lieben als meinen König und Herrn.

Las Casas' Testament bzw. letzte Denkschrift an den Kronrat für Westindien, 1564-1566 (WA 3/1: 513-518)

Hochmächtige und hocherhabene Herren!

Der Altbischof von Chiapas küßt Ew. Hoheiten die Hände und erbittet, Ihr möget ihm die Gunst Eurer geschätzten Aufmerksamkeit gewähren für das, was er zu sagen hat: Ew. Hoheiten sind bereits unterrichtet, und es ist ja in ganz Spanien und in ganz Westindien bekannt, dass ich viele Jahre schon an diesem Königlichen Hof und vor diesen Königlichen Indienrat trete, um zu verhandeln und für die Völker und Ureinwohner des von uns sogenannten Westindien Abhilfe zu schaffen, damit die Verwüstungen und Morde ein Ende finden, die dort an ihnen gegen alle Vernunft und Gerechtigkeit begangen werden. Der Wille der Könige, die in diesen Zeiten diese Reiche regiert haben, und ihrer Räte war es, ihnen Gerechtigkeit zu verschaffen und sie darin zu bewahren und nicht zu erlauben, dass ihnen Schäden und Kränkungen zugefügt würden. So haben sie es auch durch ihre zahlreichen Gesetze und Verfügungen gezeigt, die aber, dort angelangt, aufgrund der großen und maßlosen Habgier und Herrschsucht derer, die dorthin fuhren, hauptsächlich jedoch derer, die jene Völker regierten, nicht erfüllt wurden; denn immerzu haben die einen wie die anderen die Könige mit vielen verschiedenen Vorspiegelungen getäuscht, indem sie nicht mitteilten, wie jene Völker an den Kränkungen, die man ihnen zugefügt, sowie an der üblen Herrschaft, die man ihnen von Anbeginn auferlegt hatte, zugrunde gingen. Die einen suchten nämlich allein die eigenen Interessen, und die anderen verstießen aus demselben Grunde durch Aufstand, Aufruhr und Ungehorsam gegen die Treue, die sie ihrem natürlichen König schuldeten.

Und so haben sich Tag für Tag und Jahr für Jahr zwei Arten von Tyrannei allmählich verfestigt, eingewurzelt und aus
dem Bewußtsein geschlichen, mit denen wir jene zahllosen
Gemeinwesen verwüstet haben: die eine, die man *conquista*
nannte, bei unserem ersten Eintritt [ingressus] in jene Reiche,
die nicht uns gehörten, sondern fremde Reiche waren, nämlich
den natürlichen Königen und Herren gehörten, in deren fried-
fertigem Besitz wir sie vorfanden. Die andere war und ist die
tyrannische Herrschaft, viel ungerechter und grausamer als die
Unterdrückung der Juden in Ägypten durch den Pharao, die
repartimientos oder *encomiendas* genannt, mit der wir die natürlichen Könige, die Herren und die Untergebenen gewaltsam
und gegen alle Vernunft und Gerechtigkeit ihrer Freiheit und
ihres Lebens beraubt haben [progressus], wie alle Welt weiß
und worauf soviel Verwirrung, Blindheit und Fühllosigkeit in
Verstand und Gewissen unserer Menschen, von welchem Stand
auch immer, in jenen Ländern folgten. Die Mehrheit befindet
sich im Zustand ewiger Verdammnis, weil in Todsünde, wie
zum Beispiel diejenigen, die sich rühmten, jene Völker erobert
zu haben; ebenfalls die *encomenderos* und deren Beichtväter,
die ihnen die Absolution erteilen und die Sakramente spenden
– womit sie Perlen vor die Säue werfen –, ohne dass sie die
Indios in Freiheit setzen, damit sie zu ihren natürlichen Herren zurückkehren können, deren Untergebene oder Getreue sie
sind, und dass sie alles zurückerstatten, was sie geraubt haben,
und irreparable Schäden wiedergutmachen, welche den Herren
und Untergebenen durch uns zugefügt wurden.

Die Könige aber sind, sofern es an ihnen liegt, dazu verpflichtet, die weltlichen Hindernisse zu entfernen, die der
Rettung der Untergebenen im Wege stehen; vor allen Dingen
diese beiden Arten der Tyrannei, durch die ständig so viele
Menschen an Leib und Seele zugrunde gehen, für die unsere

Herren Könige verantwortlich sind. Und schließlich gibt es unter allen, die Gottes Gesetz bekennen und befolgen, keinen Zweifel darüber, dass, wenn keine Abhilfe geschaffen wird, alle Sünden, die in diesem Zusammenhang in ganz Westindien begangen werden, sowie die Schäden und unendlichen Nachteile in deren gefolge samt der Verpflichtung zu ihrer Restitution auf dem Gewissen S. M. und dieses königlichen Indienrates lasten, so dass Ihr nicht für einen *maravedí* Nutzen aus jenen Reichen beziehen könnt, ohne zur Wiedergutmachung verpflichtet zu sein.

Weil alle diese Dinge aufgrund der bereits angesprochenen Blindheit und Fühllosigkeit sehr gravierend und sehr neu sind, ist es notwendig, damit jene beschämt werden, die in jenem üblen Zustand der Blindheit leben und dadurch eine so schlimme Beleidigung Gottes, den Verlust zahlloser Seelen und die schlimmsten Schäden für S. M. verursachen, und würde sich zu deren Heilung empfehlen, dass S. M. und Ew. Hoheiten für gut befänden, eine Versammlung von theologischen Rechtsgelehrten, um deren Fachgebiete es sich hier handelt, sowie Juristen aus allen Räten einzuberufen, wie es der Kaiser, Gott habe ihn selig, bei der Beratung besonderer Sachen Westindiens öfter getan hat. Hierin sollten die Schlüsse gesichtet und geprüft werden, die ich dazu vorbereitet habe, sowie die Vernunftgründe und die Autoritätsargumente, mit denen ich sie bewiesen habe. Die Beschlüsse sollten dann in Westindien veröffentlicht werden. Sollte das, was oben über den schlimmen Zustand gesagt ist, in dem die besagten Menschen leben, als solches erkannt werden, müßte man dies dann auch den Beichtvätern anzeigen; so könnten sich auf diesem Wege ohne Ärgernis und Aufstand jene Völker aus den Händen derer befreien, die sie tyrannisieren, auf dass der König von Spanien wirklich ihr universaler Herrscher sei, was zur Zeit lediglich dem Namen nach der Fall ist, da die Reiche widerrechtlich in Besitz gehalten werden; schließlich sind es doch Christen, die eines Tages zu sich kommen könnten, wenn sie sehen, dass man sie nicht zu den Sakramenten zuläßt, weil sie als Sünder dessen nicht würdig sind, und dass sie so am Ende in die Hölle kommen werden.

Ich gehe jetzt nicht näher auf die zahlreichen und bedeutenden geistlichen und weltlichen Güter ein, die sich als Ergebnis dieser Versammlung und der zu erwartenden Beschlüsse einstellen werden. Eines wird darin bestehen, dass den so außerordentlich beleidigten Völker Gerechtigkeit geschieht; ein weiteres wird das ruhige Gewissen aller Stände dort und einiger hier sein; ein anderes, dass die Könige Spaniens dann legitime universale Fürsten jenes Erdkreises sein könnten; wieder ein anderes, dass von da an Geld ohne Verpflichtung zur Restitution nach Spanien kommen kann, eine Art Geldes, von der bis heute auch nicht ein roter Heller hierher gelangt ist. Ein weiterer Vorteil darf nicht vergessen werden: dass vielleicht die göttliche Gerechtigkeit ihren Zorn nicht über alle diese Reiche entlädt, dass sie ihn vielmehr aufschiebt oder gar zurücknimmt.

Mit diesem Gesuch, das ich am Ende meines Lebens Ew. Hoheiten vortrage, und mit den besagten Schlüssen, die ich S. M. in den vergangenen Tagen in zwei kleinen Traktaten habe zukommen lassen, glaube ich den Dienst erfüllt zu haben, in den Gott mich gestellt hat, nämlich der gewaltigen Zahl so schwerer Lästerungen vor dem göttlichen Gericht entgegenzutreten, auch wenn ich fürchte, dass Gott mich ob deren geringem Nutzen aufgrund meiner eigenen Nachlässigkeiten bestrafen wird. Die folgenden Schlüsse sollen als Zusammenfassung dessen dienen, was ich in dieser Sache [in den genannten Traktaten] zu beweisen meine:

Erstens: Alle Kriege, die *conquista* genannt wurden, sind über die Maßen ungerecht und Sache regelrechter Tyrannen.

Zweitens: Alle Reiche und Herrschaftgebiete von Westindien halten wir widerrechtlich in Besitz.

Drittens: Die *encomiendas* oder *repartimientos* von Indios entbehren jeder Rechtsgrundlage und sind „in sich schlecht" und ebenso tyrannisch wie die darauf basierende Regierungsweise.

Viertens: Alle, die sie zuteilen, begehen eine Todsünde, und die sie innehaben, befinden sich im Stande der Todsünde und werden nicht gerettet werden, wenn sie sie nicht aufgeben.

Fünftens: Unser Herr und König, den Gott bewahren und mit Erfolg segnen möge, vermag mit all seiner von Gott verliehenen Machtvollkommenheit die Kriege und Raubzüge gegen jene Völker und die besagten *encomiendas* ebensowenig zu rechtfertigen, wie sich die Kriege und Raubzüge der Türken gegen die Christen rechtfertigen lassen.

Sechstens: Alles Gold und Silber, alle Perlen und Reichtümer, die nach Spanien gelangt oder in Westindien unter den Spaniern in Umlauf sind, wenn deren auch wenig sein mag, sind geraubtes Gut; ich sage „wenn es auch wenig sein mag" bezüglich all dessen, was aus den von uns vielleicht schon entvölkerten Inseln und Landesteilen stammt.

Siebentens: Wenn sie nicht zurückerstatten, was sie geraubt haben und noch heute durch *conquistas* und *encomiendas* rauben, werden sie nicht gerettet werden können, auch nicht diejenigen, die davon profitieren.

Achtens: Alle Ureinwohner und ein jedes Volk, in das wir in Westindien eingefallen sind, sind im vollen Recht, einen gerechten Krieg gegen uns zu führen und uns vom Angesicht der Erde zu vertreiben, und dieses Recht bleibt ihnen bis zum Jüngsten Gericht erhalten.

[...]

Im Namen der Heiligsten Dreifaltigkeit, des Vaters, des Sohnes und des Heiligen Geistes, des einen wahren Gottes: Ich, Bischof Fray Bartolomé de Las Casas, sage hiermit, da ja jeder gläubige Christ am Ende seines Lebens kurz vor dem Tod ein Zeugnis ablegen sollte über sich selbst, solange er durch Gottes Gnade bei sich ist - schließlich können bei diesem so gefährlichen Schritt zahllose schwere Verhängnisse passieren -, ich bekenne also, bevor ich mich in dieser Gefahr sehe, öffentlich meinen Glauben. Ich bekenne, zu sterben und zu leben, wie der heilige katholische Glaube an die Heiligste Dreifaltigkeit, an Vater, Sohn und Heiligen Geist, zu leben verlangt; ich will, wie ich es jetzt tue, weiter an all das glauben und festhalten, woran die Heilige Römische Kirche glaubt und festhält, und in dieser Glaubensüberzeugung bekenne und bekräftige ich, dass ich, in dem, was mir von meinem Leben noch bleibt und bis zum Ende meines Lebens, das heißt den Tod eingeschlossen, in diesem heiligen Glauben leben und sterben will.

Und das bedeutet aufgrund der Güte und Barmherzigkeit Gottes, der es für gut befand, mich auszuwählen als seinen Diener, ohne dass ich dies verdient hätte, weiterhin alles zu versuchen wegen jener riesigen Völker des sogenannten Westindiens, die die wahren Eigentümer dieser Reiche und Länder sind, immer wieder auf die nie zuvor in solchem Ausmaß gesehenen oder gehörten Gewalttaten und den schweren Schaden zurückzukommen, die wir Spanier ihnen gegen alle Vernunft und Gerechtigkeit angetan haben, und ihnen ihre einstige Freiheit zurückzugeben, deren sie zu Unrecht beraubt worden sind, und sie aus dem gewaltsamen Tod zu befreien, den sie noch immer erleiden, den sie noch immer sterben, wie sie die ganze Zeit schon gestorben sind. Dabei sind viele tausend Meilen Landes entvölkert worden, viele

davon vor meinen Augen. Und ich habe vor dem Hof der
Könige von Kastilien gearbeitet, bin immer wieder zwischen
Westindien und Kastilien hin und her gefahren, alles ungefähr fünfzig Jahre lang seit dem Jahr 1514 allein um Gottes willen, und weil ich mitlitt, als ich solche Massen von
vernunftbegabten, gutmütigen, bescheidenen und äußerst
sanften und einfachen Menschen sterben sah, die doch wie
geschaffen dafür wären, unseren heiligen katholischen Glauben und die ganze Morallehre zu empfangen, und mit allen
guten Sitten begabt sind: Gott ist mein Zeuge, dass ich nie
ein anderes Interesse hatte.

Daher sage ich, dass ich dies für wahr halte und glaube,
weil ich glaube und meine, dass dies die Heilige Römische
Kirche genauso denkt, die Richtschnur und das Maß unseres
Glaubens: dass nämlich all die Räubereien, Morde und Usurpation der Macht der eigentlichen natürlichen Könige und
Herren dort, an Ländern und Königreichen und anderen unendlich großen Gütern, die die Spanier mit ihren verfluchten
Grausamkeiten gegen jene Völker verbrochen haben, dass all
dies gegen das unbedingt richtige, unbefleckte Gesetz Jesu
Christi und gegen jede natürliche Vernunft verstößt und eine
fürchterliche Infamie gegen den Namen Jesu Christi und seiner christlichen Religion ist, ein unüberwindliches Hindernis
für den Glauben und ein irreparabler Schaden an Seele und
Leib dieser unschuldigen Völker.

Und ich glaube, Gott wird wegen dieser frevelhaften,
schlimmen und schändlichen Werke, die so ungerecht, verbrecherisch und barbarisch gegen sie begangen worden sind,
über Spanien seine Wut und seinen Zorn ausgießen, weil ganz
Spanien in mehr oder weniger großem Ausmaß beteiligt war
und von den blutigen geraubten Reichtümern profitiert, die so
verbrecherisch und übel und mit soviel Zerstörung und un-

ter Auslöschung dieser Völker gewonnen worden sind. Dies wird geschehen, wenn Spanien nicht zutiefst bereut, und ich fürchte, das wir es zu spät oder nie tun wegen der Blindheit, die Gott um unserer Sünden willen bei den großen und kleinen Menschen zuläßt, und besonders bei denen, die sich für so geistreich und weise halten und Anspruch darauf erheben, die ganze Welt zu beherrschen. Wegen der Sünde dieser Leute ist diese Verstandesverfinsterung noch immer so akut, dass sie zur Folge hat, dass man all die siebzig Jahre, seit denen die Quälerei, die Ausplünderung, Ermordung und Auslöschung jener Völker schon andauert, bis heute einfach nicht wahrgenommen hat, dass all diese skandalösen Zustände und Beleidigungen unseres Glaubens, all die Diebstähle, Ungerechtigkeiten, Verheerungen, Blutbäder, Gefangennahmen, Usurpation der fremden Regierungsmacht und schließlich all diese umfassende Entvölkerung und Verwüstung Sünden waren und furchtbarstes Unrecht.

Verzweifelter Appell an den Papst Pius V. bezüglich der Sachen in Westindien, 1566, kurz vor seinem Tod (WA 3/1: 511-513)

Welche Art der Verkündigung des Evangeliums gerechtfertigt ist, und [welche Bedingungen] für einen erlaubten und gerechten Krieg gegen die Heidenvölker gegeben sein müssen, habe ich in dem Eurer Güte überreichten Buch wohl erklärt, dem ich einige weitere hinzuzufügen hoffe. Um des Blutes der Erlösung willen ersuche ich Eure Güte inständigst, das besagte Buch zu überprüfen, und es, wenn es als berechtigt empfunden wird, in Druck zu geben, damit die Wahrheit nicht unter Zerstörung und Schädigung der gesamten Kirche verborgen werde und die Zeit kommen möge (die vielleicht schon sehr nahe ist), da Gott unsere Befleckungen aufdecken und dem gesamten Heidentum unsere Nacktheit enthüllen wird.

Denn es sind der Schmeichler viele, die im Verborgenen wie wütende und unersättliche Hunde gegen die Wahrheit anbellen. So ersuche ich untertänigst Eure Güte, per Dekret jedweden aus der Kirche auszuschließen und mit Anathem zu belegen, der den Krieg gegen die Ungläubigen bloß wegen des Götzendienstes oder zur besseren Verkündigung des Evangeliums für gerecht erklärt. Dies gilt insbesondere für den Krieg gegen jene Heiden, die uns zu keiner Zeit Unrecht angetan haben und es auch jetzt nicht tun. Oder denjenigen, der da sagt, die Heiden seien nicht wahre Herren ihrer Besitztümer; oder denjenigen, der behauptet, die Heiden seien zur Frohbotschaft und zum ewigen Heil nicht fähig, wie ungebildet und zurückgeblieben sie auch sein mögen, was im übrigen die Indios gewiss nicht sind, deren Sache ich auf mein eigenes Risiko und unter größten Anstrengungen bis zum Tode verteidigt habe, zur Ehre Gottes und seiner Kirche. In meinem Buch habe ich klar bewiesen, dass alle diese Dinge gegen die Canones, gegen evangelisches und natürliches Gesetz verstoßen, und ich werde dies, wenn möglich, noch deutlicher beweisen, habe ich es doch in aller Klarheit erforscht und meine Schlüsse daraus gezogen.

Als Lehrerin aller Dinge lehrt uns nämlich die Erfahrung die Notwendigkeit, in diesen Zeiten alle Canones zu erneuern, die den Auftrag enthalten, die Bischöfe mögen sich der armen Gefangenen, der Bedrängten und der Witwen annehmen, ja ihr Blut für sie vergießen, wozu sie natürliches und göttliches Gesetz verpflichten. Ich ersuche daher Eure Güte in aller Demut, mit dieser Erneuerung der Canones den Bischöfen Westindiens aufzutragen, dass sie in heiligem Gehorsam alle Sorgfalt gegenüber jenen Eingeborenen walten lassen, die, durch schwerste Fronarbeiten und Tyrannei (mehr als man glauben mag) unterdrückt, auf ihren ausgemergelten Schultern gegen jedes göttliche und natürliche Gesetz ein überaus schweres Joch und eine unerträgliche Last tragen, weshalb es vonnöten ist, dass Eure Heiligkeit den Bischöfen die Verteidigung dieser Sache anordne; sie sollen ihnen zum Schutzwall werden, ja ihr Blut für sie vergießen, wozu sie durch göttliches Gesetz verpflichtet sind. Auf keinen Fall sollten sie Bischofsämter annehmen, wenn der König und sein Indienrat ihnen nicht Gehör schenken und so viele Tyranneien und Unterdrückungen ausmerzen wollten. [...]

Ein sehr großes Ärgernis und kein geringerer Schaden für unsere heiligste Religion bestehen darin, dass sich an jenem [kirchlichen] Neubau Bischöfe, Ordensleute und Kleriker bereichern, und [...] dies sogar im großen Stil, während ihre gerade erst bekehrten Untertanen in einer so großen und unglaublichen Armut verbleiben, dass viele durch Tyrannei, Hunger, Durst und übermäßige Arbeit tagtäglich auf elende Weise umkommen. Aus diesen Gründen ersuche ich Eure Heiligkeit in aller Demut, zu erklären, dass und wie diese kirchlichen Amtsträger durch natürliches und göttliches Gesetz dazu verpflichtet sind, alles erworbene Gold, Silber und alle Edelsteine zurückzuerstatten; haben sie diese doch Menschen entwendet, die in extremer Bedürftigkeit lebten und noch heute leben und denen gegenüber sie durch göttliches und natürliches Gesetz sogar verpflichtet sind, von ihren eigenen Gütern abzugeben.

Chronologische Übersicht

1. Kindheit und Jugend in Spanien (1484–1502)

1484	Bartolomé de Las Casas wird in Sevilla geboren.
1492	Eroberung Granadas, Vertreibung der Juden aus Spanien, „Entdeckung" Westindiens durch Christoph Kolumbus.
1493	In Sevilla sieht er die von Kolumbus mitgebrachten Indios. Zweite Kolumbusreise. Der Vater und der Onkel Las Casas' fahren mit. 4. Mai: Konzessionsbulle „Inter caetera" von Papst Alexander VI. Zwecks Missionierung der Eingeborenen und Ausbreitung des Herrschaftsbereichs der christlichen Ökumene wird darin die Neue Welt den Königen von Spanien und Portugal „geschenkt, gewährt und übertragen".
1494	Vertrag von Tordesillas zwischen Spanien und Portugal, um die „Weltenteilung" Alexanders VI. durch ein bilaterales Abkommen zu korrigieren.
1496	Königin Isabella von Kastilien lehnt die Versklavung der Indios ab.
1499	Las Casas' Vater kehrt aus Española (heute Haiti und Dominikanische Republik) mit einigen Indios zurück.
1500	Befehl Isabellas zur Befreiung und Rücktransport der in Spanien befindlichen Indios. 24. Februar: * Karl von Habsburg (Karl V.) in Gent.

2. Goldsucher, Konquistador und Encomendero
auf Española (1502–1506)

1502	Erste Hinreise Las Casas' nach Española mit der Flotte des Gouverneurs Nicolás de Ovando (32 Schiffe und 2500 Menschen). Dort zunächst Goldsucher.
1503–1505	Goldsucher und wahrscheinliche Teilnahme an den kriegerischen Expeditionen gegen die Indios, dann Encomendero in Concepción de la Vega (Española).
1504	26. November: Tod Isabellas.
1506	Tod des Christoph Kolumbus. Erste Rückreise nach Spanien.

3. Weltpriester, Encomendero
und Verteidiger der Indios (1507–1522)

1507	Priesterweihe in Rom. Zweite Hinreise nach Española.
1507–1512	Encomendero in Concepción de la Vega.
1510	Primizfeier in Concepción de la Vega. Ankunft der ersten Dominikaner in Española unter der Leitung von Pedro de Córdoba. Zu Allerheiligen: erste Begegnung mit Pedro de Córdoba, der sein Seelenführer werden sollte, in Concepción de la Vega.
1511	Im Namen der ersten Kommunität von Dominikanern hält Antón Montesino in Santo Domingo am vierten Adventssonntag (21. Dezember) eine welthistorische Predigt gegen die erbarmungslose Unterdrückung der Indios. Las Casas war wahrscheinlich nicht anwesend, erfuhr aber in Concepción de la Vega ihren Inhalt.

1512   Ein Dominikanerpater verweigert ihm, dem Priester und Encomendero, die Absolution. Als Feldgeistlicher beteiligt er sich an der Eroberung Kubas durch Diego Velázquez und Pánfilo de Narváez. In Caonao wird er Zeuge eines schrecklichen Blutbads. Gesetze von Burgos als Antwort auf die Predigt Montesinos.

1513   Ergänzungsgesetze von Valladolid. Eine in Valladolid tagende Kommission von Theologen und Juristen entwirft das berühmt-berüchtigte Requerimiento oder die Konquistadoren-Proklamation.

1514   Encomendero auf Kuba ob seiner Verdienste bei der Eroberung der Insel. Zwischen Pfingsten (27. Mai) und Mariä Himmelfahrt (15. August) entscheidet er sich für ein Leben auf dem messianischen Weg der Gerechtigkeit und Barmherzigkeit (die sogenannte erste Bekehrung).

1515   In Española gelobt er Pedro de Córdoba, fortan alles zu unternehmen, damit die Begegnung zwischen Spaniern und Indios nach gerechten Prinzipien und zum Wohle beider Bevölkerungsgruppen gestaltet wird. Zweite Rückreise nach Spanien, zusammen mit Antón Montesino, um gegen die Nichteinhaltung der Gesetze von Burgos und Valladolid sowie gegen ihre Realitätsferne zu protestieren.

1516   Las Casas informiert König Ferdinand, der bald darauf stirbt, in Plasencia. Jiménez de Cisneros und Adrian von Utrecht werden Regenten im Namen Karls. Mehrere Gespräche mit beiden Regenten, denen er verschiedene Denkschriften zur Besserung der Lage der Indios vorlegt. Cisneros ernennt ihn zum *Protector de los Indios* und schickt ihn, zusammen mit vier Hieronymitenpatres, nach Española, um die Einhal-

tung der Gesetze von Burgos und Valladolid durchzusetzen (Dritte Hinreise).

1517   Am 2. Januar kommt Las Casas in Santo Domingo an. Probleme mit den Hieronymiten, die nicht
willig sind, die Gesetze durchzusetzen und mit den
spanischen Siedlern zusammenarbeiten. Am 3. Juni
Dritte Rückreise nach Spanien, um am Hof eine Ab-
setzung der Hieronymiten zu erreichen. 8. November: Tod Cisneros'. 31. Oktober: Martin Luthers The-
senanschlag in Wittenberg.

1518   Im Dominikanerkolleg San Gregorio (Valladolid) hört
er wahrscheinlich Vorlesungen über „Kirchenrecht".
Er könnte auch ein Lizentiat erworben haben.

1519   Karl (I. von Spanien) wird zum Kaiser (Karl V.) gewählt. Hernán Cortés beginnt mit der Eroberung
Mexikos. Las Casas erörtert Karl bei Barcelona seine
Pläne für eine friedliche Missionierung und Kolonisierung des Festlands von Cumaná (Venezuela);
auf Bitten der Siedler Españolas befürwortet er die
weitere Einfuhr von afrikanischen Sklaven, um die
Indios vor dem sicheren Tod zu retten.

1520   April: Beginn des Aufstands der Comunidades in Ka-
stilien und Aragón. 20. Mai: Abfahrt Karls von La
Coruña. 23. Oktober: Krönung Karls zum römischen
König in Aachen, seither „Erwählter Kaiser". 14. De-
zember: Vierte Hinreise von Las Casas in die Neue
Welt.

1521   Das Experiment von Cumaná endet in einem Fias-
ko, da die spanischen Siedler die Indios aufhetzen.
24. April: Endgültige Niederlage des Aufstands der
Comunidades in Villalar. 4. Mai: Tod Pedro de Cór-
dobas.

4. Dominikaner (1522–1543)

1522   Eintritt in den Dominikanerorden in Santo Domingo (das ist die sogenannte zweite Bekehrung). Es folgen stille Jahre des Studiums gemäß der ordensüblichen Ausbildungsordnung.

1522– Dominikaner auf Española. Zeitweise Prior in Puerto
1530   de la Plata (ab 1527). In der Indioseelsorge tätig. Er beginnt sein wissenschaftliches Werk zu schreiben: einige Kapitel von *Historia de las Indias* und die erste Fassung seines missionstheologischen Hauptwerkes *De unico vocationis modo omnium gentium ad veram religionem*.

1531   20. Januar: Abfassung der *Carta al Consejo de Indias*, mit der er sich nach dem Ordenseintritt öffentlich wieder meldet.

1533   Francisco Pizarro erobert Peru.

1534   Dank der Vermittlung Las Casas' beendet der Kazike Enriquillo (Española) seinen langjährigen Krieg gegen die Spanier. Im Dezember: Reise nach Panamá auf dem Weg nach Peru, um sich Pizarro entgegenzustemmen.

1535   Wegen der Windstille am Äquator müssen die Schiffe umkehren. Nach fünfzig Tagen auf hoher See kann er in Nicaragua an Land gehen, ohne nach Peru gekommen zu sein.

1536   Aufenthalte in León (Nicaragua), Santiago (Guatemala), Mexiko-Stadt und wieder Santiago.

1537   2. Mai: Geheimabkommen mit dem Gouverneur von Guatemala, Alonso Maldonado, bezüglich der friedlichen Missionierung des sogenannten „Kriegslandes". Das Abkommen wurde geheimgehalten, damit

Konquistadoren und Encomenderos das Projekt nicht stören, wie sie dies dann ab 1540 tun werden. 29. Mai: Breve *Pastorale officium* von Paul III. an den Erzbischof von Toledo, in dem dieser mit weitgehenden Exkommunikationsbefugnissen gegen diejenigen, die Indios in Sklaverei halten, ausgestattet wird. 2. Juni: Bulle *Sublimis Deus* von Paul III. über die Menschenwürde und -rechte der Indios sowie über die friedliche Evangelisierung als die einzige Art christlicher Mission. September: Beginn des friedlichen Missionsexperimentes im „Kriegsland" Guatemalas (Quiché-Land).

1538   19. Juni: Auf Druck Karls V. erlässt Paul III. das Breve *Non indecens videtur*, mit dem er das Breve *Pastorale officium* zurücknimmt, nicht jedoch die Bulle *Sublimis Deus*, wie fälschlicherweise oft behauptet wird.

1539   Aufenthalte in Guatemala. Francisco de Vitoria hält in Salamanca seine berühmte *Relectio de Indis*, in der er die herkömmlichen Rechtstitel einer vernichtenden Kritik unterzieht, aber zugleich neue zaghaft begründet. Bald darauf bekommt der Prior von San Esteban (Salamanca) einen Brief Karls V. aus Flandern, in dem dieser Vitoria untersagt, politische Themen in seinen Vorlesungen zu behandeln.

1540   Vierte Rückreise (von Honduras) nach Spanien, das damals ein heißes Pflaster war. Wir wissen nicht, ob Las Casas Vitoria jemals traf; er wurde aber mit Sicherheit gleich nach seiner Ankunft über die Lage nach Vitorias Vorlesung informiert. Der kaiserliche Maulkorberlass konnte die ethische Diskussion nicht unterbinden. Die Dominikaner Melchor Cano und

Bartolomé Carranza halten im Kolleg San Gregorio (Valladolid) weitere Vorlesungen über die indianische Frage. Las Casas, der gekommen war, um Bettelbrüder für sein Missionsexperiment in Guatemala zu gewinnen, hält sich vorerst von Salamanca und Valladolid fern.

1541   Im Dezember trifft Karl V. in Spanien ein.

1542   Im April steht Las Casas vor Karl V. in Valladolid und übergibt ihm einige Denkschriften, die einen entscheidenden Einfluss auf die Entstehung der „Neuen Gesetze" haben sollten. Im Mai beruft Karl V. eine außerordentliche Kommission zur Beratung über die indianische Frage ein. Dem Hof folgend reist Las Casas nach Monzón de Aragón (hier trifft er Hernán Cortés, der sich der Eroberung Mexikos „rühmt"), Barcelona, Valencia und Madrid. 20. November: In Barcelona werden die „Neuen Gesetze" verlautbart. Erstfassung der *Brevísima relación de la destruición de las Indias.*

1543   Dem Hof folgend reist er von Madrid nach Valladolid. 1. März: Nachdem er das reiche Bistum von Cuzco abgelehnt hatte, schlägt Karl V. ihn Papst Paul III. als Bischof von Chiapa vor, eines der ärmsten Bistümer Westindiens. Oktober: Obwohl er darin eine List seiner Gegner vermutet, um ihn vom Hof fernzuhalten, nimmt Las Casas die Bischofswürde in der Hoffnung an, das benachbarte „Kriegsland", wo seine Mitbrüder arbeiten, in sein Bistum eingliedern zu können.

1544   Januar bis März in Valladolid: Abfassung der *Principia quaedam ex quibus procedendum est ad manifestandam iustitiam indorum.*

5. Bischof von Chiapa (1543–1550)

1544   30. März: Bischofsweihe in Sevilla. Fünfte und letzte
        Hinreise in die Neue Welt, diesmal über Santo Do-
        mingo und Yucatán nach Chiapa.

1545   Am Palmsonntag (20. März): feierlicher Einzug in Ci-
        udad Real de los Llanos de Chiapa, der Hauptstadt
        seines Bistums. Karwoche: mehrere Predigten gegen
        die Unterdrückung der Indios und für die Durchset-
        zung der „Neuen Gesetze". Wütende Proteste der En-
        comenderos. Anschließend ist er bis Ende Dezember
        in seinem Bistum sowie im Kriegsland Guatemalas
        zur Visitation der Pfarreien unterwegs. Hier wird er
        von den inzwischen besänftigten und christianisierten
        Indios samt den von ihm für dieses Projekt friedli-
        cher Missionierung gewonnenen Ordensleute trium-
        phal empfangen. Danach reist er nach Gracias a Dios
        (Honduras), dem Sitz der zuständigen Audiencia de
        los Confines (Königlicher Gerichtshof), um zu errei-
        chen, dass die „Neuen Gesetze" eingehalten werden.
        Die Audiencia und die Encomenderos boykottieren
        seine Arbeit. 13. Dezember: Eröffnung des Konzils
        von Trient, an dem kein Bischof aus der Neuen Welt
        teilnimmt.

1546   Frühjahr: Reise nach Mexiko zur Teilnahme an der
        Versammlung der Bischöfe Neuspaniens. Sommer
        und Herbst: In Mexiko verfasst er den Traktat *Avisos
        y reglas para confesores* und die *Quaestio theologalis
        de exemptione sive de damnatione*. Anschließend un-
        terwegs durch Mexiko nach Veracruz (er sollte nicht
        mehr in sein Bistum zurückkehren). 12. August: Tod
        Vitorias.

1547 Frühjahr: Von Veracruz reist er über Lissabon an den Hof (fünfte und letzte Rückreise nach Spanien), um über die Fahrlässigkeit der Audiencia de los Confines beim Vollzug der „Neuen Gesetze" zu berichten. Während dieser Reise nimmt er den entflohenen schwarzen Sklaven Pedro de Carmona in seinen Schutz und bezahlt ihm in Aranda de Duero die Prozesskosten, damit er seinem Recht Geltung verschaffen kann. Hier setzt die dritte Bekehrung des Las Casas an: Von da an wird er die Versklavung von Afrikanern für genauso ungerecht wie die der Indios halten. In Aranda erfährt er vom Buch des Doktors Juan Ginés de Sepúlveda zur Legitimierung der Eroberungskriege gegen die Indios, das der Kastilienrat für den Druck überprüfen soll. Dieser leitet es an die Universitäten von Alcalá und Salamanca weiter. Las Casas entfaltet eine Gegenkampagne und erreicht am Ende ein Druckverbot. Der Kronprinz und Regent Philipp (II.), begeistert von den Erfolgen, die Las Casas aus dem einstigen „Kriegsland" berichtet, ordnet an, dieses Gebiet fortan „Land des wahren Friedens" (Tierra de la Verapaz) zu nennen.

1548 Frühjahr in Alcalá: Vor der Kommission, die das Buch Sepúlvedas begutachten soll, begründet er, warum es nicht publiziert werden sollte. Sommer in Salamanca: gleiche Tätigkeit wie in Alcalá. Beide Universitäten empfehlen die Nichtveröffentlichung. Gleichzeitig lässt Las Casas seinen Traktat *Avisos y reglas para confesores* von beiden Universitäten prüfen. Sechs Professoren der Theologie finden die Schrift orthodox, aber die von Sepúlveda organisierte Kampagne gegen ihn geht weiter. Man wirft ihm vor, den

Rechtstitel der kastilischen Könige auf Westindien in Frage zu stellen, was dem Verbrechen der Majestätsbeleidigung gleichkommt. Sepúlveda nämlich hatte die Schrift wegen Hochverrat und Häresie vor dem Kastilienrat und dem Inquisitionsgericht angezeigt. Herbst: Abfassung der Traktate *Este es un tratado sobre los indios que se han hecho esclavos* und *Aquí se contienen treinta proposiciones muy jurídicas*. Gleichzeitig muss sich Las Casas vor dem Kastilienrat sowie dem Indienrat wegen seiner Schrift *Avisos y reglas...* rechtfertigen. 28. November: Königlicher Erlass an die Audiencias von Neuspanien (Mexiko), Neugalicien (Jalisco) und De los Confines (Honduras) zum Einzug der Originalmanuskripte und Kopien von *Avisos y reglas.*

1549   Verteidigung der Schrift *Avisos y reglas.*

1550   Erlass Karls V., der die Eroberungskriege stoppt. August: Las Casas verzichtet auf das Bistum von Chiapa, weil er sich nicht imstande sieht, die Residenzpflicht wahrzunehmen.

6. Altbischof von Chiapa
und Verteidiger der Indios am Hof (1550–1566)

1550   7. Juli: Karl V. setzt eine Kommission von Juristen und Theologen zur Behandlung der indianischen Frage ein, die am 15. August ihre Arbeit in Valladolid aufnimmt. Bis ca. 15. September: Erste Sitzungsperiode. Sepúlveda und Las Casas begründen nacheinander ihre divergierenden Meinungen. Ende August erstellt das Kommissionsmitglied Domingo

de Soto ein Summarium beider Positionen. Sepúlveda antwortet anschließend schriftlich auf zwölf
Einwände gegen seine Lehre, die er darin entdeckt.
Las Casas schreibt daraufhin zwölf Entgegnungen
auf die Antworten Sepúlvedas (*Aquí se contiene una
disputa...*).

1551   Bis Frühjahr: Abfassung des *Tratado comprobatorio
del imperio soberano* und der lateinischen Version
der *Apologia contra Sepúlveda*. April/Mai: zweite
Sitzungsperiode der Kommission. Das Ergebnis liegt
erst 1554 vor. Darin wird im Sinne Las Casas' festgehalten, dass die Eroberungskriege ein für das Gewissen Seiner Majestät und das Evangelisierungsziel
gefährliches Unterfangen sind.

1552   Januar bis Dezember mit Unterbrechungen: Sevilla.
Hier sammelt er in der *Biblioteca Colombina* Dokumente für seine Geschichtswerke. Gleichzeitig über-
wacht er den Druck der acht Traktate (darunter sind
auch die *Avisos y reglas*, gegen die weder die Inquisition noch der Kastilienrat schließlich etwas hatten),
die er zu Lebzeiten und mit Druckerlaubnis veröf-
fentlichte (genehmigt wahrscheinlich von Fernando
de Valdés, dem Erzbischof Sevillas).

1553–   Mit Unterbrechungen in Valladolid (Kolleg San Gre-
1559   gorio), wo er die endgültige Fassung seiner Geschichtswerke *Historia de las Indias* und *Apologética
historia sumaria* verfassen wird.

1555   2. Januar: der Franziskaner Toribio de Benavente
(Motolinía) schreibt von Mexiko aus einen Brief an
Karl V., in dem Las Casas als falscher Prophet persönlich angegriffen wird. Die Franziskaner Mexikos
werden daraufhin Motolinía einsperren. Abfassung

von *Carta al maestro Fray Bartolomé de Carranza.* 25. Oktober: Abdankung Karls V.

1556   18. März: Philipp II. wird König von Spanien. Abfassung von *Memorial-sumario a Felipe II* zu Beginn seiner Regierungszeit.

1558   1. September: Königlicher Erlass, in dem Philip II. strengstens verbietet, jedwede Schrift über die indianische Frage ohne ausdrückliche Druckerlaubnis der zuständigen Behörden zu veröffentlichen.

1559   November: Las Casas vermacht das Manuskript von *Historia de las Indias* dem Kolleg San Gregorio mit der Auflage, es erst vierzig Jahre später zu publizieren. Dem Hof folgend reist er nach Toledo.

1560   Februar/Dezember in Toledo: Las Casas setzt sich energisch gegen die Vererbung der Encomiendas ein sowie gegen eine Druckerlaubnis für die Schrift des Dominikaners Vicente Paletino de Curzola (aus Dalmatien) *De iure belli adversus infideles occidentalis Indiae.*

1561   Dem Hof folgend reist er nach Madrid, wo er mit Unterbrechungen im Kloster Nuestra Señora de Atocha bis zu seinem Tod bleiben wird.

1563   Abfassung von *De imperatoria vel regia potestate, De thesauris qui reperiuntur in sepulchris indorum* und *Carta a los dominicos de Chiapa y Guatemala.*

1564   Abfassung von *Tratado de las doce dudas peruanas.* 17. März: *Clausula del testamento que hizo el obispo de Chiapa, Don Fray Bartolomé de Las Casas.*

1566   Abfassung von *Carta a su santidad Pio V.* und *Memorial de despedida del Consejo de Indias.* 18. Juli: Tod in Madrid. Ganz Madrid nimmt ehrfurchtsvoll an den Begräbnisfeierlichkeiten für den Prophe-

ten teil, der den spanischen Königen auf dem Höhe-
punkt ihrer Macht seine Meinung freimütig gesagt
hat. Sein bescheidenes Grab ist nicht bekannt (im
Zuge von Renovierungsarbeiten und der Säkula-
risation ging das Wissen um das Grab des Vertei-
digers der Indios verloren), aber sein prophetisches
Werk kennt inzwischen die ganze Welt.

1571   12. März: Der deutsche Jurist Wolfgang Griesstet-
ter verfasst in Speyer das Vorwort zu dem von ihm
in Frankfurt postum herausgegebenen Traktat des
Las Casas *De imperatoria vel regia potestate*. Darin
nennt er Las Casas „einen in allen Wissenschaften
sehr versierten Mann". 16. März: In Peru werden die
Hauptteile der *Denkschrift von Yucay* verfasst, in der
die Thesen Las Casas' als Täuschung des Teufels bezeichnet werden. Von Las Casas wird darin gesagt, er
sei ein guter Ordensmann gewesen, der letztlich von
seinem Eifer und seiner Leidenschaft verblendet war
und nicht wusste, was er sagte; zudem habe er bloß
ein Lizentiat in Recht erworben. Die widersprüchli-
che Rezeption Las Casas' als Stein des Anstoßes hat
seitdem nicht aufgehört.

Dic Reisen des Bartolomé de Las Casas

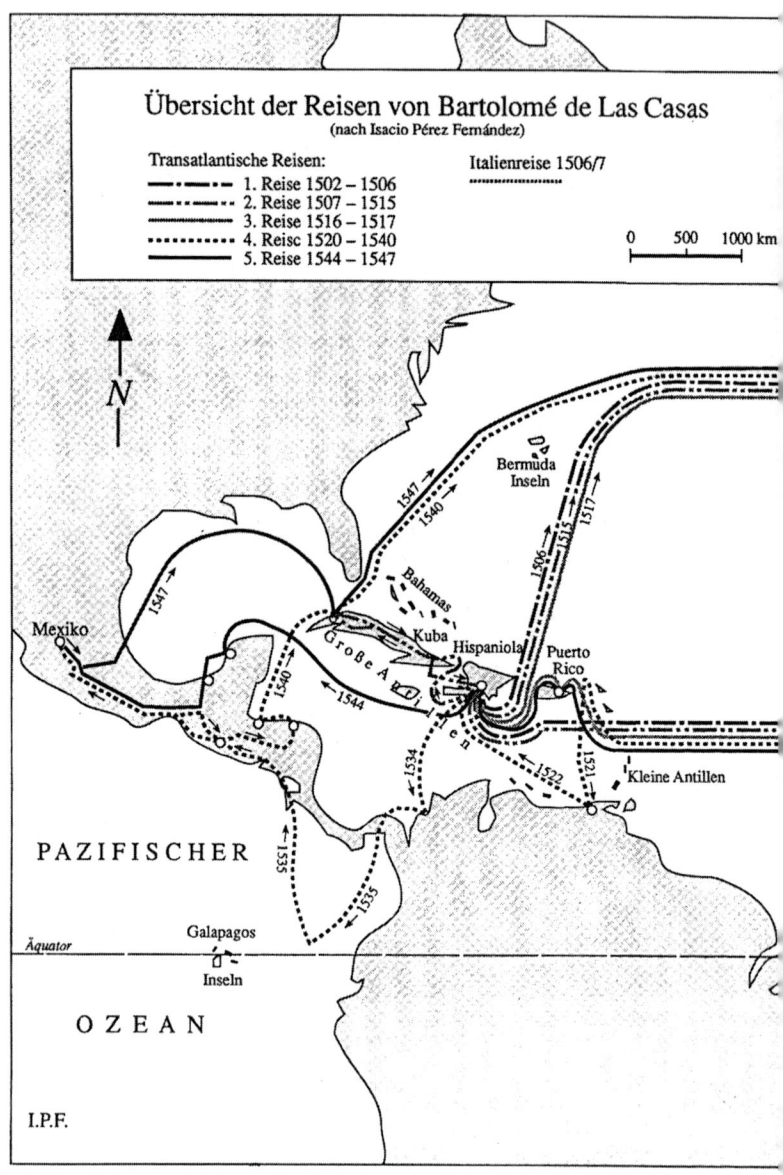

Übersicht der Reisen von Bartolomé de Las Casas
(nach Isacio Pérez Fernández)

Transatlantische Reisen: Italienreise 1506/7

—·—·— 1. Reise 1502 – 1506
—··—··— 2. Reise 1507 – 1515
··········· 3. Reise 1516 – 1517
············ 4. Reisc 1520 – 1540
———— 5. Reise 1544 – 1547

0   500   1000 km

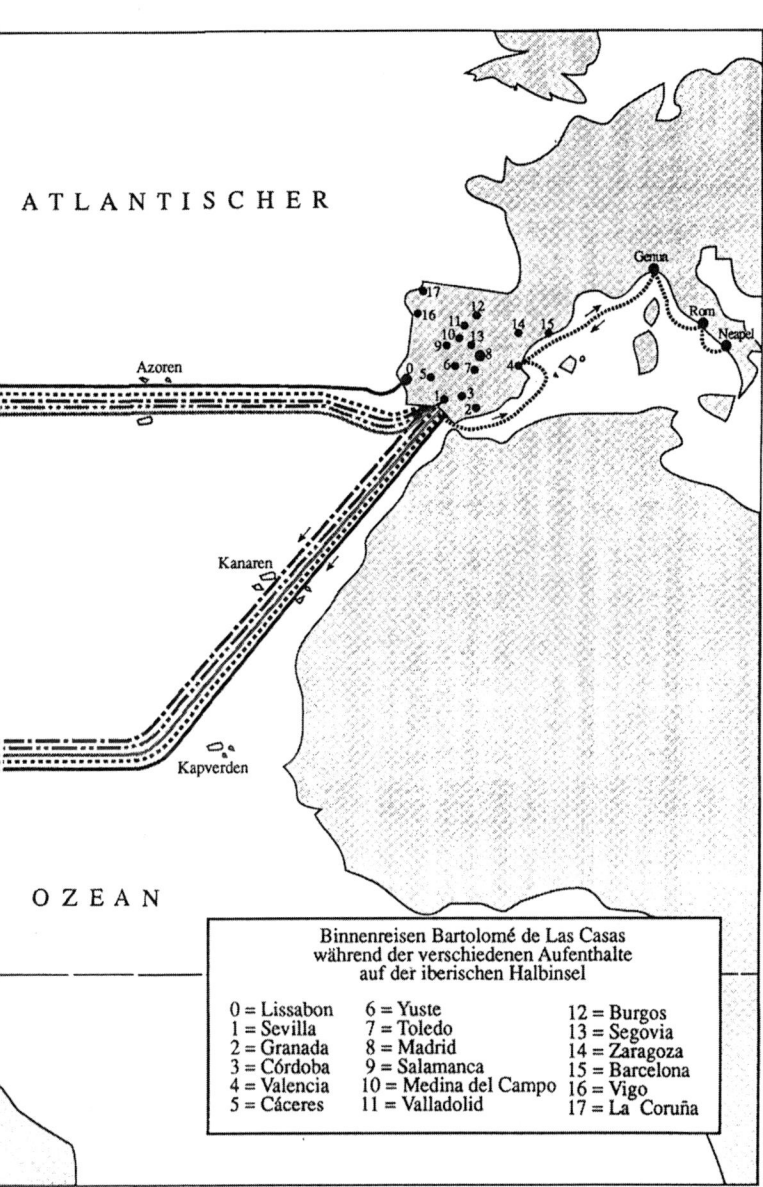

ATLANTISCHER

OZEAN

Binnenreisen Bartolomé de Las Casas
während der verschiedenen Aufenthalte
auf der iberischen Halbinsel

0 = Lissabon	6 = Yuste	12 = Burgos
1 = Sevilla	7 = Toledo	13 = Segovia
2 = Granada	8 = Madrid	14 = Zaragoza
3 = Córdoba	9 = Salamanca	15 = Barcelona
4 = Valencia	10 = Medina del Campo	16 = Vigo
5 = Cáceres	11 = Valladolid	17 = La Coruña

Zitierte Literatur

Werke von Bartolomé de Las Casas (mit Abkürzungen)

Werkauswahl. 4 Bde. Hg. von MARIANO DELGADO, Paderborn u.a. 1994–1997, abgekürzt: WA mit Band- und Seitenangabe
Obras completas. Ed. PAULINO CASTAÑEDA. 14 vols. Madrid 1988–1998, abgekürzt: OC mit Band- und Seitenangabe.

Sekundärliteratur

ACOSTA, JOSÉ DE: De procuranda indorum salute. 2 vols. (Corpus hispanorum de pace 23–24), Madrid 1984–1987.

ACOSTA, JOSÉ DE: Historia natural y moral de las Indias. Ed. JOSÉ ALCINA FRANCH (Crónicas de América 34). Madrid 1986.

ARISTOTELES: Politik. Übersetzt und mit erklärenden Anmerkungen versehen von EUGEN ROLFES. Mit einer Einleitung von GÜNTHER BIEN. (Philosophische Bibliothek 7), Hamburg 1981.

ARISTOTELES: Rhetorik. Die Lehrschriften. Hg. Von PAUL GOHLKE, Paderborn 1959.

BAUMGARTNER, JAKOB: Gottes Wohlgefallen an den Armen. Las-Casas-Rezeption heute. In: *Neue Zeitschrift für Missionswissenschaft* 50 (1994) 207–222.

BENAVENTE (MOTOLINÍA), TORIBIO DE: Brief an Kaiser Karl V. In: HORST VON DER BEY: „Auch wir sind Menschen so wie ihr!". Franziskanische Dokumente des 16. Jahrhunderts zur Eroberung Mexikos. Paderborn 1995, 328–350.

BRANDI, KARL: Kaiser Karl V. Werden und Schicksal einer Persönlichkeit und eines Weltreiches. München 1937.

BRIESKORN, NORBERT: Las Casas und das römische Recht. In: WA 3/1: 14–32.

CANO, MELCHOR: De locis theologicis. Ed. JUAN BELDA PLANS. Madrid 2006.

CHENU, MARIE-DOMINIQUE: La Parole de Dieu. Vol. 2: L'Evangile dans le temps. Paris 1964

DELGADO, MARIANO: Gott in Lateinamerika. Texte aus fünf Jahrhunderten. Ausgewählt und eingeleitet von MARIANO DELGADO. Unter Mitarbeit von BRUNO POCKRANDT und HORST GOLDSTEIN. Düsseldorf 1991.

DELGADO, MARIANO: Las Casas als „Anthropologe des Glaubens". In: WA 2: 327-342.

DELGADO, MARIANO: Die Zustimmung des Volkes in der politischen Theorie von Francisco de Vitoria, Bartolomé de Las Casas und Francisco Suárez. In: Die Ordnung der Praxis. Neue Studien zur Spanischen Spätscholastik. Hg. von FRANK GRUNERT und KURT SEELMANN (Frühe Neuzeit Bd. 68), Tübingen 2001, 157-181.

DÍAZ DEL CASTILLO, BERNAL: Geschichte der Eroberung von Mexiko. Hg. und bearb. von GEORG A. NARCISS, mit einem Nachwort von GEORG A. NARCISS und TZVETAN TODOROV. Frankfurt a.M. 1988

Dives in misericordia: Enzyklika von Papst JOHANNES PAUL II. vom 30. November 1980. (Verlautbarungen des Apostolischen Stuhls 26), Bonn 1980.

DUSSEL, ENRIQUE: Prophetie und Kritik. Entwurf einer Geschichte der Theologie in Lateinamerika. Freiburg i.Ue. 1989.

FERNÁNDEZ ALVAREZ, MANUEL (Ed.): Corpus documental de Carlos V. 5 vols. Salamanca 1973ff.

GUTIÉRREZ, GUSTAVO: Memoria de Dios y teología. In: Las Casas entre dos mundos. Congreso teológico internacional. (Lima, 26-27-28 de Agosto de 1992). Lima 1993, 27-46.

HEGEL, GEORG WILHELM FRIEDRICH: Vorlesungen über die Philosophie der Geschichte. (Theorie Werkausgabe Bd. 12), Frankfurt/M. 1970.

HENRÍQUEZ UREÑA, PEDRO: Las corrientes literarias en la América hispánica. México 1964.

HÖFFE, OTFRIED: Politische Gerechtigkeit. Grundlegung einer kritischen Philosophie von Recht und Staat. Frankfurt/M. 1987.

KOLUMBUS, CHRISTOPH: Bordbuch. Mit einem Nachwort von FRAUKE GEWECKE und zeitgenössischen Illustrationen. Frankfurt a.M. 1981.

KUES, NIKOLAUS VON: De pace fidei – Der Friede im Glauben. In: DERS.: Philosophisch-theologische Schriften. Hg. und eingeleitet von LEO GABRIEL. Bd. 3 Wien 1967, 705-799.

Libertatis conscientia: Instruktion der Kongregation für die Glaubenslehre über die christliche Freiheit und die Befreiung vom 23. März 1986. (Verlautbarungen des Apostolischen Stuhls 70), Bonn 1986.

LÓPEZ DE GÓMARA, FRANCISCO: Hispania victrix. In: Historiadores primitivos de Indias. Vol. 1. Ed. ENRIQUE DE VEDIA. (Biblioteca de Autores Españoles 22), Madrid 1946, 155-455.

MEDINA, MIGUEL ANGEL: Una comunidad al servicio del indio. La obra de Fray Pedro de Córdoba O.P. (1482-1521). Madrid 1983.

MENDIETA, JERÓNIMO DE: Historia eclesiástica indiana. 2 vols. (Biblioteca de autores españoles 260-261), Madrid 1973.

MILHOU, ALAIN: Die Neue Welt als geistiges und moralisches Problem. In: HORST PIETSCHMANN u.a. (Hg.): Handbuch zur Geschichte Lateinamerikas. Bd. 1. Stuttgart 1994, 274-296.

MOHR, VICTOR: Barmherzigkeit. Misericordia perficit societatem. In: *Lebendiges Zeugnis* 53 (1998) 66–74.

PARISH, HELEN RAND: Las Casas: una vida redescubierta. In: Las Casas entre dos mundos. Congreso teológico internacional. (Lima , 26–27–28 de Agosto de 1992). Lima 1993, 141–149.

PEREZ FERNANDEZ, ISACIO: Inventario documentado de los escritos de Fray Bartolomé de Las Casas. (Estudios monográficos vol. 1), Bayamón (Puerto Rico) 1981.

PEREZ FERNANDEZ, ISACIO: Cronología documentada de los viajes, estancias y actuaciones de Fray Bartolomé de Las Casas. (Estudios monográficos vol. 2), Bayamón (Puerto Rico) 1984.

PEREZ FERNANDEZ, ISACIO: Bartolomé de las Casas en el Perú. El espíritu lascasiano en la primera evangelización del imperio incaico (1531-1573). Cusco 1988.

PEREZ FERNANDEZ, ISACIO: Brevísima relación de la destrucción de Africa. Preludio de la destrucción de las Indias. Salamanca 1989.

PEREZ FERNANDEZ, ISACIO: Bartolomé de las Casas ¿contra los negros? Revisión de una leyenda. Madrid 1991.

PEREZ FERNANDEZ, ISACIO: Fray Bartolomé de las Casas: de defensor de los indios a defensor de los negros. Su intervención en los orígenes de la deportación de esclavos negros a América y su denuncia de la previa esclavización en Africa. Madrid 1995.

PEREZ FERNANDEZ, ISACIO: Bartolomé de Las Casas, viajero por dos mundos. Su figura, su biografía sincera, su personalidad. (Archivos de Historia Andina 30), Cuzco 1998.

REINHARD, WOLFGANG: Geschichte der europäischen Expansion. Bd. 2: Die Neue Welt. Stuttgart 1985.

REMESAL, ANTONIO DE: Historia general de las Indias Occidentales y particular de la gobernación de Chiapa y Guatemala. 2

vols. (Biblioteca de autores españoles 175, 189) Madrid 1964–1966.

SAHAGÚN, BERNARDINO: Historia general de las cosas de Nueva España. 2 vols. (Crónicas de América 55a–55b), Madrid 1990.

SEPÚLVEDA, JUAN GINÉS DE: Demócrates segundo – o De las justas causas de la guerra contra los Indios. Ed. ANGEL LOSADA. Madrid 1984.

SIEVERNICH, MICHAEL: Die *Brevísima* als „Fürstenspiegel". In: WA 2: 27–62.

TODOROV, TZVETAN: Die Eroberung Amerikas. Das Problem des Anderen. Frankfurt/M. 1985.

Unsere Hoffnung. In: Gemeinsame Synode der Bistümer in der Bundesrepublik Deutschland. Beschlüsse der Vollversammlung. Bd. 1. Freiburg i.Br. 1978, 84–111.

VITORIA, FRANCISCO DE: Relectio de Indis – o libertad de los Indios. (Corpus hispanorum de pace 5), Madrid 1967.

VITORIA, FRANCISCO DE: Vorlesungen II (Relectiones). Völkerrecht Politik Kirche. Hg. von ULRICH HORST, HEINZ-GERHARD JUSTEN-HOVEN, JOACHIM STÜBEN. (Theologie und Frieden 8). Stuttgart 1997.

XIMÉNEZ, FRANCISCO: Historia de la provincia de San Vicente de Chiapa y Guatemala. 4 vols. Guatemala 1965.